U0455048

· 云南经济发展研究丛书 ·

云南发展壮大
"资源经济""口岸经济""园区经济"
典型案例研究

云南资源经济案例研究

谭鑫　邵小育 ◎ 著

云南人民出版社

图书在版编目（CIP）数据

云南发展壮大"资源经济""口岸经济""园区经济"
典型案例研究. 云南资源经济案例研究 / 谭鑫，邵小育
著. -- 昆明：云南人民出版社，2024.3
（云南经济发展研究丛书）
ISBN 978-7-222-22546-6

Ⅰ.①云… Ⅱ.①谭… ②邵… Ⅲ.①资源经济－经
济发展－案例－研究－云南 Ⅳ.①F127.74

中国国家版本馆CIP数据核字(2024)第017799号

项目统筹：殷筱钊　赵　红
责任编辑：王　逍
装帧设计：王冰洁
责任校对：崔同占
责任印制：代隆参

云南经济发展研究丛书
云南发展壮大"资源经济""口岸经济""园区经济"典型案例研究
——云南资源经济案例研究
YUNNAN FAZHAN ZHUANGDA "ZIYUAN JINGJI" "KOU'AN JINGJI" "YUANQU JINGJI" DIANXING ANLI YANJIU
——YUNNAN ZIYUAN ZIYUAN JINGJI ANLI YANJIU

谭鑫　邵小育◎著

出　版　云南人民出版社
发　行　云南人民出版社
社　址　昆明市环城西路609号
邮　编　650034
网　址　www.ynpph.com.cn
E-mail　ynrms@sina.com
开　本　787mm×1092mm　1/16
印　张　12.5
字　数　210千
版　次　2024年3月第1版第1次印刷
印　刷　云南出版印刷集团有限责任公司华印分公司
书　号　ISBN 978-7-222-22546-6
定　价　58.00元

如需购买图书、反馈意见，请与我社联系
总编室：0871-64109126　发行部：0871-64108507
审校部：0871-64164626　印制部：0871-64191534

云南人民出版社微信公众号

前　言

习近平总书记在党的二十大报告中强调："高质量发展是全面建设社会主义现代化国家的首要任务。"发展壮大资源经济、园区经济、口岸经济是云南省认真贯彻落实推动高质量发展的战略部署的重要举措。中共云南省委十一届四次全会强调：当前，云南正处于经济转型升级的攻关期，要加快动能转换，大力发展资源经济，加快发展口岸经济、全面振兴园区经济。发展壮大"三大经济"已成为云南经济发展的新增长点。

云南历史文化悠久，生态类型多样，自然景观独特，其发展的优势在资源，底气在资源。要立足于资源禀赋，找准方法和路径，盘活"沉睡"的资源，做好资源开发利用规划布局，以全产业链思维发展资源经济，为全省现代化建设提供有力支撑。

为了让读者对资源经济有一个全面的了解，本书从背景、理论、现状、政策、因素、问题、对策、案例八个方面做了阐述。

笔者以"资源为王"为理念，从做大做强资源经济的角度出发，分析阐述如何打好资源优势这手牌，实现资源高效利用，真正将资源优势转化为发展优势，试图为有效推进云南资源经济发展提供思路和案例示范。

第一章"背景"，主要阐释发展资源经济的追本溯源；

第二章"理论"，主要阐释发展资源经济的逻辑历程；

第三章"现状"，主要阐释发展资源经济的欣欣向荣；

第四章"政策"，主要阐释发展资源经济的制度保障；

第五章"因素"，主要阐释发展资源经济的清源正本；

第六章"问题"，主要阐释发展资源经济的荆棘丛生；

第七章"对策"，主要阐释发展资源经济的群策群力；

第八章"案例"，主要阐释发展资源经济的集思广益。

通过这八章，以期对领导干部、政策研究者、学习者和相关人员有所裨益。

（执笔人：谭鑫）

目　录

第一章　研究背景及意义

第一节　研究背景

党的十八大以来，以习近平同志为核心的党中央高度重视生态文明建设，先后提出了一系列新思想新观点新论断，作出了一系列顶层设计和制度安排，为我们发展资源经济和保护生态环境提供了重要遵循。同时，党的二十大，党中央提出要贯彻新发展理念，构建新发展格局，推动高质量发展。贯彻中央部署，在践行可持续的发展理念基础上，推进资源经济赋能地区发展则至关重要。

我国有辽阔的陆地和宽广的海洋，有广袤的森林、多种类型的湿地、一望无际的草原、持续缩减的荒漠、丰富的海洋等生态系统，其中生态类型丰富多样，为中华民族繁衍生息和永续发展提供源源不断的资源。同时，我们也拥有丰富的文化资源，更能唤醒民族的荣誉感、加深民族的自信、凝聚爱国力量，是实现中华民族的可持续发展的基础。①各个地区因地制宜，结合区位优势和资源禀赋，不断探索自然资源，深入挖掘文化内涵助力经济高质量发展。

云南是我国的资源大省，绿色能源、矿产资源、高原特色农业、文旅等自然及人文资源极为丰富，是云南发挥优势和加快发展的最大本钱，其独特的自然资源和人文环境优势不仅给云南带来了经济收益，而且还极具潜力。云南绿色能源可开发总量达2亿千瓦，截至2022年底，云南绿色能源装机已超

---

① 人民日报. 人民时评：向文物保护利用强国不断迈进［EB/OL］.（2021-11-22）［2023-03-07］https://www.gov.cn/xinwen/2021-11-22/content_5652399.htm.

过9500万千瓦；此外，云南的绿色食品和重要的工程技术都取得了显著的进步，云花、云茶、云咖等特色农产品在国际市场中受到广泛认可。而且云南的生物多样性保护在全国也处于领先地位，云南拥有丰富的自然风光、独具一格的美味佳肴，这些都引得全国各地旅客纷纷前来。然而，云南的经济发展仍然相对落后，许多优势资源尚未得到充分的开发和利用，因此，还需要进一步激发云南省资源经济方面的巨大潜能。

云南应该结合本省的情况，制定独具特色的产业规划，努力实现多元发展。要坚持创新驱动，秉承绿色发展理念，积极投入到产业招商中，并且积极开拓与周边其他国家的资源交流，以资源换产业、以资源换市场、以资源换技术，以资源推动产业发展，打造全产业链，真正把资源优势转化为发展优势。[①]总而言之，我们应该从更高站位看待云南的资源禀赋，并用战略眼光来规划资源经济的发展，以便进一步助力云南取得高质量跨越式发展。

第二节　研究意义

一、理论意义

首先，结合资源经济发展的相关理论分析世界、全国、云南的资源经济的发展现状，重点致力于云南能源、矿产、农业、文旅、土地等资源的探究，为丰富高原地区资源经济发展的理论性成果奠定基础。

其次，云南作为中国西南边陲的重要省份，拥有丰富的自然资源和独特的地理优势，其资源经济的发展状况不仅关乎当地的经济社会进步，也对中国乃至全球的可持续发展战略具有重要影响。通过对云南资源经济的深入研究，可以为当地政府制定科学合理的资源开发政策、产业发展政策提供理论依据和决策支持。

最后，综合各级政府出台的相关政策以及相关学者的理论研究成果，结

---

① 云南发布．王宁在云南省主要领导干部学习贯彻党的二十大精神专题研讨班开班式上强调深刻领悟"两个确立"的决定性意义牢牢把握现代化建设的目标任务全力推动云南经济高质量跨越式发展［EB/OL］．（2022-12-22）［2023-03-07］https://www.yn.gov.cn/ywdt/ynyw/202212/t20221222_252131.html．

合云南资源发展的实际案例予以分析，探究资源经济案例背后存在的共性和示范价值，可以为相关研究提供一定的借鉴。

二、实践意义

首先，以发展资源经济为切入点，结合云南资源禀赋，探究其资源经济发展中存在的问题并分析其趋势，为云南全省资源节约和可持续发展奠定基础。在研究过程中，着眼于促进中华民族的长远发展，积极构建云南的资源经济发展环境，合理调整环境保护与可持续开发的有机结合，加大资源的有效利用效率，促进云南高品位、可持续的经济增长，也为全国资源经济的发展贡献云南智慧。

其次，全方位分析云南发展壮大资源经济的典型案例，从中总结发展资源经济的方法、经验和成果，将其结合起来进一步助力云南做大做活做强资源经济；把区位优势、资源优势转化为实实在在的经济优势、发展优势，为云南省，乃至全国相关地区大力发展资源经济提供一定的指导和实践经验借鉴。

第二章 资源经济发展的相关理论

第一节 资源经济问题与资源经济学研究

一、资源经济问题

在人类历史的初始阶段，由于人口规模较小，对资源的需求比较小，相对而言，资源的储备较大，人类对大自然的利用还没有对资源环境造成威胁。[①]但进入人口剧增、科技突飞猛进的时代，资源的需求与供给之间的矛盾不断尖锐。

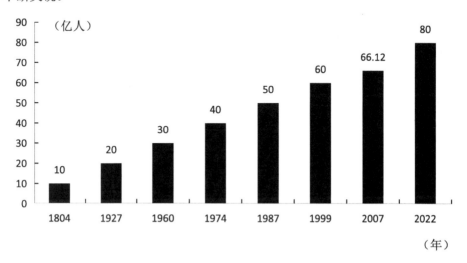

图2.1 世界人口数量变动

[①] 郑永琴，资源经济学［M］，北京：中国经济出版社，2013.

从图2.1可以看出世界人口数量变动的趋势。2022年11月15日，世界人口数冲破80亿，成为一个重大的社会历史发展里程碑（联合国网站"80亿人口日"栏目）。世界人口在近几年极速增长的最主要原因是各国政府采取的一系列措施，包括加强公共卫生、提升营养、完善个体健康和提升医疗服务等，有效地提升了人们的健康水平。此外，一些国家较高的生育率也在一定程度促进这一现象的发生。①在多元化因素的影响下，世界人口急剧增长毫无疑问会对资源造成影响，给其带来沉重的压力。一方面，人均资源拥有量在减少；另一方面，资源利用不合理，造成部分资源总量在绝对减少。

郑永琴将人类对自然资源的利用分为四个阶段：第一，自然生产阶段，即人类被动地适应大自然的阶段。这个阶段从人类出现一直持续到新石器时代之前。由于人口稀少，生产工具也极其简单，人类只能被动地适应自然，对自然资源的利用基本上采取狩猎与采集的原始手段，人与自然处于原始的和谐状态。

第二，原始农业阶段，即人类主动利用自然资源的初始阶段。人类进入新石器时代后，凭借简单的生产工具，开始了种植业和畜牧业的发展，但此时仍以畜牧业生产为主，农业生产规模和生产能力相对较小。人类对自然资源的开发利用能力仍十分有限。

第三，农业文明阶段，即农业耕作阶段。在发明铁器之后，人类对自然资源的利用能力大大提高，由于耕种能够带来稳定的食物来源，这个阶段人口以较快的速度增长，这个时期可以被称为农业文明的资源利用阶段。主要是对可再生资源的利用，而对耗竭资源的利用在数量上仍然处于较小规模，被开采利用的资源种类也非常有限。

第四，工业文明阶段，即从18世纪60年代第一次工业革命开始，人类文明进入工业化文明时期开始。蒸汽机的发明与运用，极大地提高了人类改造世界的能力，人类对资源的利用开始转向大规模地利用耗竭资源，大量开采各类矿产资源，并通过化工技术等实现了对资源的深度加工与利用。工业的发展不仅为人类提供了多种多样的物质享受，也改变了资源环境状况，同时还带来了新的资源经济问题。随着时代的发展，资源经济问题从农业文明时代的可再生资源领域蔓延至耗竭资源，导致了能源短缺和资源枯竭的严重局面；此外，大规模的采矿、滥用以及不当的利用也使得生态系统受到严重破

---

①　新华网．联合国：世界人口达到80亿［EB/OL］．（2022-11-15）［2023-04-07］http://www.news.cn/world/2022-11/15/c_1129130181.htm.

坏，环境污染日益严重。

自20世纪以来，资源经济问题日益突出，不仅表现为资源的枯竭和退化，而且还与环境污染高度相关，这种状况已经成为当今社会普遍关注的热点话题。进入21世纪以来，资源问题更加突出，同时，由于资源问题引起的国家、民族、区域矛盾也日益加剧，区域间、国家间资源竞争更为突出，边缘政治格局也更为复杂。

面对当前的资源经济问题，众多学者将其概括为几个方面：一是资源约束加剧与高质量发展之间的矛盾。[1]随着我国经济由高速增长阶段转向高质量发展阶段，要想取得阶段性成果就不单取决于对要素的堆砌，还取决于如何实现这些目标，具体表现为如何实现要素优化配置和要素生产率的提升。因此，在这一过程中，如何平衡好资源的利用和促进高质量的发展显得尤其重要。二是资源优势日益影响着经济优势。[2]21世纪以来，中国的国际影响力和经济实力迅猛增长。然而，随着中国经济的快速增长，其对各类自然资源的依赖也日益增强。如果仍然以这种高消耗的发展模式促进经济发展，那么中国的经济将面临资源约束现象。三是资源利用的代际问题突出，我们在资源问题上要留给后代同样的机会。[3]由于资源的过度开发和浪费，我们的后代将面临严重的资源危机，包括环境污染、资源短缺、资源不公平分配等。综上，资源经济问题大致包括，资源约束加剧与高质量发展之间的矛盾、资源优势日益影响着经济优势，以及资源利用的代际问题突出等现实状况。

二、资源经济学研究

资源经济学以研究人与自然、人与资源的经济关系为中心，既要关注资源稀缺引起的经济效益问题，又要关注资源开发和利用对生态环境的影响，其发展理论的研究重心从资源最优配置和开发利用逐渐转向可持续发展。在我国西部地区，资源禀赋情况较好，但经济发展落后，生态环境较为脆弱，云南省亦是如此。以资源经济学的形成和发展作为理论基石，可为解决云南

---

① 王喜峰，姜承昊．水资源刚性约束下黄河流域高质量发展研究进展［J］．水利经济，2023，41（02）：18-24+32+93-9.

② 潘爽．资源约束条件下区域经济发展的国际经验研究［D］．吉林大学，2010.

③ 刘洋．生态文明视域下资源代际公平问题的审视［D］．北京化工大学，2015.

省资源开发利用中的经济问题以及案例研究中遇到的发展问题奠定基础。

纵观世界历史的发展，围绕着人与自然的关系，人类对自然资源的认识和利用是一个逐步发展和变化的过程。王伟认为这一过程也代表资源经济学的形成和发展，他将其分为三个阶段。①

第一阶段是前资本主义时期。这是资源经济发展的初级阶段，主要出现了一些朴素而带有规律性的资源经济原理。

第二阶段从资本主义初级阶段到20世纪40年代。这一时期，由于资本主义经济发展加快，人与自然、生产与资源环境之间在客观上产生了尖锐矛盾。从主观看，人们掌握的技术更加趋于成熟，人类对自然资源的认识和利用也逐步提升，从而促进了资源经济学的形成，在研究和利用过程中，也逐渐形成了资源经济学的理论和方法。在资本主义的初期，人类与自然的矛盾焦点主要集中于土地。所以在资源经济学发展的初期（20世纪初），便产生了资源经济学的重要部分，即土地经济学。

第三阶段是指20世纪40年代以后。在这一阶段，资源经济学由土地经济学逐步拓展到其他研究领域，并最终形成了跨越多学科的、综合性的资源经济学。在这一时期，人们更加关注自然资源的保护问题和稀缺资源的分配问题。同时，在世界各国的大学里也相继设立了资源经济学专业。

我国资源经济学整体研究起步较晚，但单项资源经济的研究较早。如，20世纪30年代张德粹先生的《土地市场经济》为资源经济学的发展奠定了基础；那时对自然资源的研究范围更加限定于自然资源综合考察和地理研究等。逐渐从单项资源经济学的视角，拓展到了更加全面的领域。20世纪50年代，随着国民经济的迅速增长，政府及社会组织纷纷采取行动，进行大范围的资源调查、评估、分类及有效运用，以满足日益增长的社会对资源的需求。通过这一系列的努力，中国的各种资源市场经济建立起良好的基础，并不断地进步与完善。1992年，随着世界环境与发展大会的召开，中国的资源经济学理论探讨也迎来了新的发展机遇，如，李金昌《资源经济新论》、厉以宁《环境经济学》、刘文《资源价格》等学术研究成果层出不穷。

---

① 王伟，邓蓉，张志强．资源经济学［M］，北京：中国农业出版社，2007．

第二节　资源经济发展的相关基本概念

一、资源

　　资源是指自然界及人类社会中一切可供人类利用的资源，它们不仅仅包括自然要素，如阳光、矿产、土壤、空气、水、动植物等，而且还包括人类劳动产品和生产资料性商品，以及无形的要素，比如信息、技术等。它们不仅可以满足人们的需求，而且能够改善人们的生活质量，从而促进社会的发展。资源的概念和内涵十分广泛，它们可以根据不同的情境而有所不同，但在经济上，它们都是指那些直接或间接满足人类需求、稀缺且具备一定的可开发利用价值的资源。在学术中，"资源"一词被从不同角度进行界定。兰德尔从用途、价值的角度认为，资源既具备实际的功能，也具备潜在的经济价值，无论是原始的还是经过改造的，它们都能够创造更多的财富，不仅仅局限于实际的使用，还能够满足社会的需求，带来更多的经济效益。[1]丽丝指出，纳入资源范畴，就必须具备两个基本条件：首先，要拥有可供使用的专业知识与技能；其次，必须对所有产生的物资或者服务有某种特定需求。[2]从财富来源的视角，《辞海》中将资源定义为资财的来源。资源可以分为自然资源和社会资源。自然资源涵盖种类多样，如水、土地、矿产、气候、海洋和生物等资源；而在社会资源方面，包括人才、旅游、文化、科学和信息资源等。

　　总的来说，"资源"一词内涵较为广泛，需要结合不同视角、分类进行精准界定，本书根据《辞海》分类、相关学者的分类[3]、[4]以及结合云南省地域

---

①　阿兰·兰德尔．资源经济学：从经济学角度对自然资源和环境政策的探讨[M]．北京：商务印书馆，1989．

②　朱迪·丽丝．自然资源：分配、经济学与政策[M]．北京：商务印书馆，1989．

③　郑永琴，资源经济学[M]，北京：中国经济出版社，2013．

④　袁惊柱，自然资源的定价分析[M]，北京：中国社会科学出版社，2017．

特色①，对自然资源以及社会资源中能源资源、矿产资源、农业资源、旅游资源、土地资源等方面进行研究，在研究过程中以期对资源内涵做进一步探究和外延。

二、自然资源

自然资源也是一个内涵较为广泛的集合名词。联合国环境规划署将其定义为：在一定时间、地点和条件下，能够产生经济价值的，以提高人类当前和未来福利的自然条件和环境。②《辞海》中将其定义为，天然存在的自然物，不包括人类加工制造的原料，是生产的原料来源和布局场所，如土地资源、水利资源、生物资源、海洋资源等。从广义角度来看，李文华，沈长江认为，无论是在当前的科学、工业、经济等环境条件下，还是根据当前的生产力及研究进程，可以将自然的资源转化成可供人们使用的实际资料，以满足其日常的生产与消费需求的自然物质和能量即为自然资源。③从狭义角度看，孔雷，唐芳林等认为，自然资源通常指能看得见、摸得到，可以进行调查、监测、控制的实体自然资源。④封志明，王勤学将其定义为：在满足某种社会、经济、技术要求的前提下，具有显著的生态、经济效益，有助于改善当前及未来环境状况的自然物质和自然能量的总和。⑤综上所述，自然资源是指那些能够满足当前及未来需求，能够产生重要的经济、文化、生态等多种功能的综合性物质，它们的内容及范围将受到时间、地域、历史、文明等多种因素的影响，伴随人类及社会的发展、科学与技术进步将持续拓宽。

① 云南省人民政府. 云南资源经济提质提速［EB/OL］. （2023-05-16）［2023-06-07］. https://www.yn.gov.cn/ztgg/zdszjjpcynjsd/xwjj/202305/t20230516_259070.html.

② 王春娟，陈建均，刘大海等. 中美自然资源管理模式分析及其可持续发展启示［J］. 资源导刊，2023，No. 443（03）：54-56.

③ 李文华，沈长江. 自然资源科学的基本特点及其发展的回顾与展望［c］//中国自然资源研究会. 自然资源研究的理论与方法. 北京：科学出版社，1985.

④ 孔雷，唐芳林，刘绍娟，等. 自然资源类型和类别划分体系研究［J］. 林业建设，2019，220-27.

⑤ 封志明，王勤学. 资源科学论纲［M］，北京：地震出版社，1994.

三、社会资源

社会资源是为了应对需要，满足需求，所有能提供且足以转化为具体服务内涵的客体。社会资源理论认为社会资本实质指的是社会资源，这些社会资源嵌入在社会关系网络结构中。[1]刘晓燕、孙丽娜、单晓红认为社会资源主要包含结构、关系和认知三个维度：结构维度认为通过社会性互动拥有的网络是一项重要的无形资产，促进双方合作和学习，提供所需资源；关系维度指组织在长期社会关系中所建立的关系资产（如声誉）能够产生一定程度的自我约束，实现双方资源共享，达成深度合作目标；认知维度主要关注组织的价值，认为高价值能够有效降低交流难度和机会主义行为发生概率，使组织间合作更加长期稳定进行。[2]总而言之，社会资源是指人类在特定时间和地点利用自然资源过程中所提供的物质和精神财富的统称。它涵盖了各种各样的资源，如劳动力、教育、资本、科技、旅游、文化等非实物形态的资源。

四、资源经济

资源经济其内涵丰富，涉及较为广泛。从学者角度出发，段子清认为，所谓资源经济，是指经济的发展主要取决于对资源的占有与配置的经济，也可以理解为以"消耗资源"为基础的经济。[3]陈淑娟等认为，资源经济的内涵与资源所提供的功能和服务有关。[4]由于学者们对资源经济的探讨较少，因此本书结合已有的文献和实际研究情况认为，资源经济是指基于资源获取、处置的全流程下，通过发挥资源价值所创造的经济。具体来看，包括对各类自然资源的勘查、开发、加工、利用、流通以及再利用为主导产业的经济。在这个过程中，资源的开发是资源经济的起点，它涉及对资源的探明和

① 常富军.结构洞、封闭性与社会资源［D］.西北师范大学，2022.

② 刘晓燕，孙丽娜，单晓红.资源视角下组织创新合作机理研究［J/OL］.科学学研究：1-20［2023-04-14］.https://doi.org/10.16192/j.cnki.1003-2053.20230323.001.

③ 段子清.资源经济的本质特征与发展对策［J］.河南国土资源，2005（06）：10-11.

④ 陈淑娟，李炜，姚淑茸.湿地资源经济价值估算方法探究［J］.中国集体经济，2024（07）：21-24.

提取；而资源的利用则是将这些自然资源转化为经济价值的过程，这需要通过一系列的加工、制造、流通等环节，以实现资源的最大化利用。除了自然资源外，社会资源获取、利用、发挥价值也是本书资源经济研究的范畴。资源经济强调资源的稀缺性和重要性，既要注重资源的保护和合理利用，又强调在发挥地区资源比较优势的基础上实现资源的可持续利用和经济的可持续发展。

第三节　资源经济发展的理论基础

一、可持续发展理论

可持续发展是一个内涵深刻、外延丰富、被广泛使用的概念。1980年，联合国强调，必须研究自然方面、社会方面、生态方面、经济方面的属性以及利用自然资源过程中的基本关系，进而确保全球的长期稳定和可持续性。[①]为此，学术界也陆续给出了可持续发展的多种解释。其中最常见的解释就是"既满足当代人的需求又不危及后代人满足其需要的发展"[②]。也有学者基于不同角度进行定义，广义的可持续发展，即在一段时期内，能够确保全球的福祉水平稳步提升。[③]从经济角度看，弱可持续发展理念强调留给后代的自然与人造资本的总和保持不变；强可持续发展指自然资本和人造资本各自的量保持不变。从功能维度来看，可持续发展是一种全新的发展思想战略，目标是保障整个社会具有持续、长期、稳定的发展潜力，确保生态环境安全，有一个稳定的资源基础，由此避免社会和经济的动荡，这就要求我们采取一种全面的、科学的、合理的、可行的方法来实现这一目标。坚持可持续发展，在维护我们的生存空间，促进我们的社会健康、经济繁荣的同时也要求我们维护我们的环境，促进其向稳定、健康的方向持续发展。

总的来看，可持续发展是我们人类社会的一种长期发展战略，是人类

---

① 刘东辉. 从"增长的极限"到"持续发展"［M］，北京：北京大学出版社，1994.

② 世界环境和发展委员会. 我们的共同未来，1987.

③ 张坤民. 可持续发展论［M］，北京：中国环境科学出版社，1997.

和自然界关系的一种协调，在其可持续发展过程中又要求人类自身的协调；可持续发展亦是一个综合性的概念，涉及经济、社会、生态、自然、环境等诸多因素，需要兼顾自然科学和社会科学，对社会、经济和环境目标加以协调。

二、资源禀赋理论

资源禀赋理论又称H-O理论，以要素分布为客观基础，强调各个国家和地区不同要素禀赋和不同商品的不同生产函数对贸易产生的决定性作用。赫克歇尔1919年首次将此概念引入，瑞典经济学家俄林进一步深入探讨，他在1933年的著作《地区间贸易和国际贸易》中，更进一步阐明了其实质，用各国要素资源丰裕程度差别来解释劳动成本之间的不同，从资源禀赋的角度揭示了国际分工和贸易的动力和基础，解释了国际分工与竞争优势产生的原因，从而创立了资源禀赋学说。

据俄林的观点，空间对于理解要素禀赋的关键性至关重要，因为生产要素会受到地域空间范围的影响，使其难以移动。此外，要素资源的流通性还可能伴随着运输成本的增加，使得各国之间的物质资源禀赋存在着明显的差异，即各国拥有不同的生产要素的自然禀赋。

俄林认为，由于个体的潜质和技术水平的差异，导致一些人从事技术性的工作，而另一部分人从事其他的职业，每个人天生的才能促使其从事不同的职业，如医疗、法律、教育、公共服务、社会治理等。他基于对个人经济行为的探索总结上升至国家层面的经济行为分析，认为国家的情况同个体并无多大差异：各国生产要素的供给各异，各种要素的比例决定了这个国家专门从事某项生产的适应性。一个国家无法生产那些需要其不具备的生产要素才能生产的产品。因此，一个国家应该大比例、稳定地去生产那些其资源要素相对丰富的商品。俄林强调，"这就是国际贸易的原因"。基于这样的原因，一个国家应当尽可能多地利用其自身资源，以便在较高的水平上制造更多的商品，而若其自身资源较少，则无法实现较高的利润。由此可见，每个国家都有能力利用其丰富而价格相对低廉的资源来生产出具有比较优势的商品。

总的来说，资源禀赋理论认为，由于不同国家在资源禀赋上差异较大，使得资源要素价格也不尽相同，因此带来生产成本与商品价格之间的差异。

根据该理论，各国应当采取不同措施，以满足自身经济发展所需，并且尽量地减小耗费行为，以降低成本，增加效益。即，劳动力丰富的国家与资本丰富的国家进口与自身优势相反的商品，出口则反之，从而发挥资源的比较优势。

三、生态经济理论

生态经济即生态与经济的结合。从系统科学的观点来看，生态经济就是生态经济系统。人类社会的生产本身就是一个巨大的复合系统，它是生态系统与经济系统的结合和统一。社会生产是自然、技术和社会经济三大因素的综合体，它有三个方面的因素在互相起作用：其一是自然环境和自然资源，其二是生物有机体的作用，其三是人类生产劳动的参与。为了满足人类的需求，生物有机体必须经历生长、发育、**繁殖**、新陈代谢和遗传变异等过程，而这些过程又离不开自然资源环境的支持，因此，这种自然再生产的过程，即物质能量的交换、转化和循环，成为了实现人类需求的关键。

以农业的自然再生产过程为例。在这个再生产过程中，植物生产是第一性生产，是第一层次；动物性生产是对植物产品的消费，是第二个层次；肉食动物是利用草食动物为食料的次级消费，即为第三个层次。此外，微生物的活动又是一个层次。农业生产的自然再生产必须通过以上多层次的循环运动，才能构成万物繁衍生息的全部过程。它形成了一个循环运转的系统，即农业生态系统。自然再生产构成了农业生产的基础。但是只有自然再生产并不能形成农业生产，它只是为农业生产提供了自然基础。农业生产是一个复杂的系统，它不仅受到人为活动、自然环境和生物因素的影响，也受到社会经济技术条件的制约，需要人们以社会劳动的方式对自然和生物进行干预，以满足特定的经济目标，并且根据自然资源和环境的变化，采取适当的措施，如栽培、饲养、抚育等，将其转变为满足人类需求的各种产品，从而实现农业的经济再生产。农业的经济再生产与农业自然再生产的交互作用，最终构成了完整的农业再生产过程。农业的经济再生产过程，直接制约于社会经济技术条件，同时也受到自然环境条件的影响。随着人类社会经济的进步和生产力水平的提高，它也经历着一个由简单到复杂的发展过程。农业的经济再生产一般包括生产、加工、运输、销售、分配、消费的完整系列，并形成了农业经济系统。农业经济系统也就是生产力系统和生产关系系统在农业经济再生产中的结合与统一。

农业的经济再生产过程总是同其自然再生产过程交织在一起，这种相互依存和相互制约的关系，就是农业生态系统与农业经济系统的结合和矛盾统一，即生态经济系统。

在生态系统与经济系统之间以及系统之内，存在着多维的内在联系。深入研究这些关系，认识、改造和协调这些关系，就是生态经济的核心内容。就两个系统之间的关系来说，生态系统的再生产是经济系统再生产的基础，它决定着经济系统发展的规模与速度。而经济系统对生态系统又具有主导作用，从而制约了生产发展的方向和资源利用的目的。两个体系都需要维持稳定的运转，它们在一定的时间内可能会交换信息。通过对生态系统的改造，可以使其更好地适应新的需求。同时，这两个体系也可能通过对外部世界的影响，来调整自身的运转方式。经由反复的交换，大量的自然资源与人类活动的结果被转化为可以满足消费者需求的多样化的物质财富。这种物质循环与能量流通，在输出与输入上保持着相对的动态平衡。一旦停止运转或严重失衡，生产就要受到阻碍或终止。

物质与能量的转换不仅存在于两个系统之间，而且存在于各系统的内部，形式多样而复杂。系统的存在和再生，有赖于维持和发展生态经济的物能平衡关系。而要保持这种平衡关系，关键在于人的作用。因为任何生态经济系统都是人类改造自然的系统，人不仅是大自然的重要成员，而且是生态经济系统中的主宰者，人不仅参与食物链的运转，同时又是其所在系统的支配力量。人可以优化生态经济系统，也可能破坏生态经济系统。

因此，要使生态经济系统保持相对平衡，就必须协调人与自然的关系，并注重合理开发和利用自然资源。

四、资源诅咒理论

一个地区的资源禀赋如何影响该地区经济的发展变化，这一问题随着学术界对"资源诅咒"这一理论的研究，有了不同认识。首先，大家普遍认为Auty是"资源诅咒"[①]这一假说的最先提出者，其提出与传统的资源禀赋的

---

① Auty R M. Industrial Policy Reform in Six Large Newly Industrializing Countries: The Resource Curse Thesis [J]. World Development, 1994, 22 (1): 11-26.

有效性的观点相对立，认为良好的资源对一国经济发展，并非有利而无害。我国学者将"资源诅咒"定义为：拥有丰裕资源的地区或是国家，反而由于自然资源限制了经济的发展，使其落后于那些资源缺乏的国家。①也有从经济体对资源的依赖程度出发，认为当经济过度依赖于某种资源时，经济增长便会受到阻碍。②亦有学者为更清晰地解释丰富资源对经济增速的影响，以"富饶的贫穷"这一词借以表述。在研究中，学者们认为在拥有丰富资源的国家或地区，更愿意发展资源型产业。③随着资源型产业的扩大，会有更多的生产要素在利润的驱动下流入资源型产业。久而久之，该经济体对资源的依赖便会更深。进而使得其他的生产部门逐渐萎缩，制造业、高新技术行业等非资源型的部门或是产业便会衰退，陷入"资源优势陷阱"。"资源诅咒"的传导机制已经通过许多学者的研究和验证得到了证实，当人们过度依赖自然资源时，有利于经济发展的积极因素将会被抑制或挤出，从而阻碍经济增长。"资源诅咒"也提供了一种类似的传导机制，研究人员在国内外对"荷兰病"效应、"政治制度诅咒"效应和"挤出效应"进行了深入的研究，证实这一传导机制。

"荷兰病"这一理论的研究与发展，成为国际上学者们解释"资源诅咒"的一个关键点。这一理论的出现可从20世纪50年代后期的荷兰提起。历史上，荷兰这个国家的发展并不依赖于资源，但20世纪50年代后期，荷兰在其北海地带发现了储量丰富的油气资源，这份上天的眷顾使得荷兰一夜暴富，自此，荷兰政府完全将精力放在了资源开采上，忽视了对其余产业的发展。20世纪60年代后，问题逐渐产生，荷兰货币在国际贸易中大幅升值，国际竞争力丧失，工业更是萎缩凋敝得厉害，在原本繁荣的国家，工业水平大幅下滑。由此可见，从"荷兰病"的角度来看，荷兰的资源并未很好的带动经济，反而被视作限制工业发展的障碍，Auty的"资源诅咒"通过"荷兰病"则更加深入地阐明了它的影响。通过"荷兰病"效应可以看出，由于自然资源的有限性，它们给当今世界的经济增长和社会进步造成了严重的障碍。具体而言，一方面，当某个国家或地区只依靠低质量的原材料和低价格

① 徐康宁，王剑. 自然资源丰裕程度与经济发展水平关系的研究 [J]. 经济研究，2006（01）：78-89.
② 邵帅，杨莉莉. 自然资源丰裕、资源产业依赖与中国区域经济增长 [J]. 管理世界，2010，No.204（09）：26-44.
③ 徐卫，周宇楠，程志强. 资源繁荣与人力资本形成和配置 [J]. 管理世界，2009，No.189（06）：178-179.

的劳动力，而不加强技术创新和管理时，会促进初级产品部门变得**繁荣**，可能会在短期内带来巨大收益，却极易引起本国货币升值，从而削弱其出口，进而影响本国国际竞争力。另一方面，自然资源开发部门的巨大经济利益会吸引国内各种经济生产要素聚集到自然资源开发部门，引起其他经济部门的生产要素不均衡，如人力和资本。同时会抑制技术创新、人力资源发展、企业家才能的发挥，造成其他产业部门的衰落和萎缩，从而导致产业结构单一化的局面。这样一来，制造业的出口便会下降，相对应的本国的非贸易品价格就会提高。

挤出效应，资源丰裕的地区往往会将开发的重点放在资源上，这会令生产要素较多的制造业被资源开发所挤占。并且，被挤出占用的这些生产要素很大程度上对该国或地区起着尤其关键的作用，特别是投资、教育等生产要素。而这一现象，便是所谓的"挤出效应"。长期偏重资源开发，大大削弱了经济发展的动力。首先，拥有令人垂涎的丰厚资源，使得劳动力只需提供最简单的体力劳动便可以获得足够多的报酬，与此相较，提升人力资本反而多余且成本较高。其次，将自然资源作为经济发展的依赖，难免会忽视掉物质资本对经济的作用，缺乏物质资本的投入，经济必然受到影响。

"政治制度诅咒"效应，丰裕的自然资源在某种程度上对政治制度也存在"诅咒"，可以将其分为两个方面来分析。一方面，腐败、寻租等问题在资源丰裕的国家或地区极容易发生。这种情况的存在，最明显的不利便是令制度功能极度弱化，经济因此受到影响。另一方面，丰富的资源总是和丰厚的收益相联系，而这一点也是逐利者争夺的关键。纵观某些拥有丰裕资源的资源型国家的历史，那些可以带来财富的资源，往往成为外界对其发动冲突的借口，且该国经济发展往往一塌糊涂。相较于此，没有资源优势的国家，反而会积极寻找得以发展经济的方法，战争发生的概率普遍较低。而战争对经济的打击几乎是致命的。由此可见，丰裕的自然资源反而成为了对经济发展的诅咒。

五、资源配置理论

资源配置理论强调，通过科学的资源配置优化稀缺资源结构，进一步发挥其价值，从而更好地服务社会的发展。这一理念起源于希腊哲学家柏拉图的《理想国》，它强调，只有通过掌握各种技术，并且根据社会的发展情况，制定更加完善、更加全面、更加多元的产业，才能让社会的发展得到更大的支撑。随后，亚里士多德指出，财富的危害并非由于制度体系的缺陷造成的，而是由于个体缺乏合法的财富管理。重商主义经济思想的集大成者托马斯·孟第一个认为应当把货币放置在一个具备收益的市场上，在一个有利可图的环境中进行流转。这被称作贸易差额。

亚当·斯密在《国民财富的性质和原因的研究》中，用"看不见的手"强调了市场对资源的配置。他把市场价格机制的调节作用视作"看不见的手"，市场通过"这只手"来进行社会资源的配置。他认为：当人们拥有足够的财富时，在经济自由的条件下，自然存在着一种调节机制指引资源的优化配置，市场通过利润诱导来推动社会资源的分配，提高资源配置的效率。这一理论为西方主流经济学奠定了坚实的基础。大卫·李嘉图提出了边际报酬递减规律，作为重视技术资源的经济学家，他认为报酬递减可被生产技术的进步抵消，这也是当代资源配置理论的出发点。而后，新古典经济学对资源配置的问题做了系统的研究。意大利福利经济学家帕累托提出了资源最优配置状态理论，他首先提出了衡量资源配置是否达到最优状态的一种标准，即帕累托最优，指在不使任何人境况变坏的情况下，不可能再使某些人的处境变好，若一方处境若要变得更好，必然以牺牲另一方的处境为代价。再之后，马克思劳动价值论与资源配置理论对资源配置的相关问题做了详尽、完整的阐述。马克思提出的社会资源配置理论是以劳动价值论为基础，用社会劳动的概念来解释资源配置，认为资源配置就是指社会总劳动中生产要素资源的分配，即社会总劳动量的分配。因此，资源配置是社会化生产的客观要求，是人类社会经济发展的一般规律。

综上所述，在资源配置的过程中，应当根据系统科学理论，精准把握各要素之间的关联，明确各要素的角色和职责，以实现资源的最佳利用，实现有效配置。

第三章 资源经济发展的概况

本章将从世界、中国、云南三个维度，聚焦在能源、矿产、农业、旅游业、土地资源等方面（五大资源的选取在第二章资源的概念部分已经提及，后文不再赘述），结合多个角度综合分析资源经济发展状况。

第一节 世界资源经济发展概况

一、能源资源发展

表3-1展示了世界分地区一次能源消费量情况：1980年，北美一次能源消费量为29.93亿吨标准煤，占比最大，为31.3%；欧洲次之，占比为25.80%，之后为亚太，占比为17.60%，到2000年，北美一次能源消费占比仍然最高，相比欧洲，亚太跃升至第二；到2021年，亚太地区一次能源消费量为92.96亿吨标准煤，占比达到第一位，为45.8%。由此可见，世界能源消费中心向亚太移动。从表3-2可见，中国一次能源消费占全球26%。

表3-1 世界分地区一次能源消费量情况

年份	1980		2000		2021	
亿吨标准煤	消费量	占比	消费量	占比	消费量	占比
北美	29.93	31.30%	39.10	28.87%	38.79	19.10%
拉美	3.83	4.00%	7.07	5.22%	9.71	4.80%

续表

年份	1980		2000		2021	
欧洲	24.72	25.80%	30.06	22.20%	28.11	13.80%
独联体	16.52	17.30%	10.87	8.03%	13.76	6.80%
中东	1.80	1.90%	5.86	4.33%	12.91	6.40%
非洲	2.08	2.20%	3.94	2.91%	6.82	3.40%
亚太	16.85	17.60%	38.52	28.44%	92.96	45.80%
总计	95.73	100%	135.42	100%	203.06	100%

数据来源：BP世界能源统计年鉴。

世界煤炭生产消费及贸易情况。2021年全球煤炭产量81.7亿吨，折合57.18亿吨标准煤，创历史新高；全球煤炭消费量54.63亿吨标准煤，是历史最高点（2014年55.47亿吨标准煤）的98%；全球煤炭贸易量11.42亿吨标准煤，是历史最高点（2018年12.45亿吨标准煤）的92%。

世界石油生产消费及贸易情况。2021年，世界原油产量42.2亿吨，同比增长1.5%；石油消费量42.5亿吨，同比增长5.9%。仅亚太和欧洲地区为石油净进口地区，炼油能力基本部署于石油消费国。2021年，世界原油贸易量20.59亿吨，由图3.1和图3.2可见，中国原油进口量超过整个欧洲，居世界第一；原油出口情况较为多元，沙特占比位居第一。2021年，成品油贸易量为12.25亿吨，进出口情况如图3.3和图3.4所示，成品油进出口也较为多元。（数据来自BP世界能源统计年鉴）

图3.1　2021年世界原油进口占比

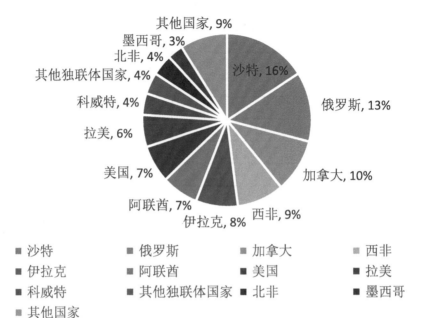

图3.2 2021年世界原油出口占比

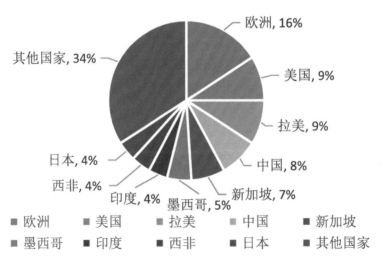

图3.3 2021年世界成品油进口占比

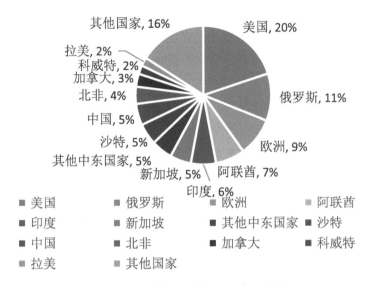

图3.4　2021年世界成品油出口占比

二、矿产资源发展

根据美国地质调查局（USGS）发布的《Mineral Commodity Summaries 2021》报告，目前，全球有七大洲都发现有铁矿石资源。2020年，世界各地的铁矿石原矿储量达到1800亿吨左右，较上年度提升了100亿吨，这使得它成为了钢铁制造行业不可或缺的关键原材料。其中，含铁量铁矿石储量在840亿吨左右，占全球铁矿石原矿储量的46.67%。

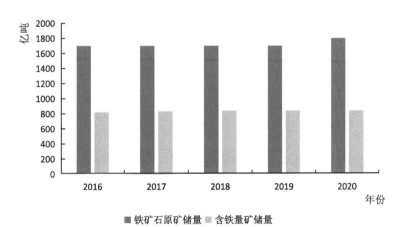

图3.5　2016～2020全球矿石储量统计

由于世界各地历史、地质等差异，铁矿石分布存在明显的差异，且具有不均衡性。大洋洲、美洲和亚洲地区的分布最广，特别是澳大利亚、俄罗斯、巴西和中国等国家。其中，澳大利亚的力拓、必和力拓、FMG，巴西的淡水河谷这四个矿山是全球最大的铁矿石矿山。从储量来看，根据《Mineral Commodity Summaries 2021》报告，澳大利亚拥有最多的铁矿石储量，2020年达到500亿吨。其次是巴西，为340亿吨；俄罗斯则以250亿吨排名第三。

如表3-2所示，2021年，澳大利亚依然是可用铁矿石储量第一大国，储量约为510亿吨，约占世界总储量的28.33%；而巴西、俄罗斯和中国则紧随其后，以上四国的可用铁矿石储量共占全球储量的70%以上。

表3-2　2021年世界各国的可用铁矿石储量及其占比情况

地区	储量（亿吨）	占比全球（%）
澳大利亚	510	28.33
巴西	340	18.89
俄罗斯	250	13.89
中国	200	11.11
乌克兰	65	3.61
加拿大	60	3.33
印度	55	3.06
美国	30	1.67
伊朗	27	1.50
哈萨克斯坦	25	1.39
瑞典	13	0.72
南非	10	0.56
其他地区	215	11.94

数据来源：USGS，华经产业探究院整理。

产量方面，如表3-3所示，根据2021年的数据来看，澳大利亚、巴西在可用铁矿石方面分别生产了9亿吨及3.8亿吨左右，占可用全球总产量的49.24%。中国也是铁矿石生产大国，截至2021年共生产3.60亿吨可用铁矿石，达到全世界总产量的13.85%。

表3-3 2021年世界各国的可用铁矿石产量及其占比情况

地区	产量（亿吨）	占比全球（%）
澳大利亚	9	34.62
巴西	3.8	14.62
中国	3.6	13.85
印度	2.4	9.23
俄罗斯	1	3.85
乌克兰	0.81	3.12
加拿大	0.68	2.62
哈萨克斯坦	0.64	2.46
南非	0.61	2.35
伊朗	0.5	1.92
美国	0.46	1.77
瑞典	0.4	1.54
智利	0.19	0.73
土耳其	0.16	0.62
秘鲁	0.16	0.62
其他地区	1.59	6.08

数据来源：USGS，华经产业探究院整理。

三、农业资源发展

在农业用地的全球趋势方面，自2014年以来，随着农产品价格和利润率的低迷，耕地面积呈横向发展趋势，直到2020年，耕地面积方有所增加。2021年再次上升，收获面积达到创纪录的24.3亿英亩。从2019年到2021年，总的耕地面积增加了7300万英亩，增幅为3.7%。全球农业用地面积占全球陆地面积的38%。其中约1/3用作耕地，其余2/3为草地和牧场，用于放牧牲畜。在农田中，大约10%的面积用于种植永久性作物，如果树、油棕和可可。另外21%为灌溉农田，灌溉是农业中一项重要的土地管理措施。

全球耕地面积在增加过程中，油料作物推动耕地面积增加，从2016年到2021年，大豆种植面积增加了2500万英亩，占总耕地面积增量的40%。相比之下，玉米种植面积仅增加了1500万英亩。图3.6显示了除花生、大豆和向日葵外的主要作物种植面积的变化，这几种作物被合并称为"油料作物"。该图清楚地表明，最近的耕地面积扩大主要是由油料作物的生产增加而推动的。（数据来自世界农业网）

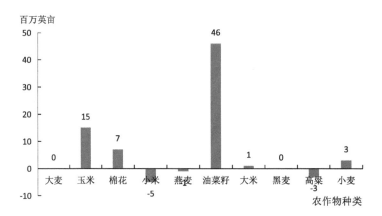

图3.6　全球部分农作物面积2021年相比2016年情况

不同的农业资源和发展基础影响着各地农业生产情况。水资源是农业的生命之源、生产之要、生态之基，全球农业用水占全球总用水量的70%左右，农业灌溉需要大量可利用水资源。然而，全球水资源分布很不均衡，《2020年粮食及农业现状》提到，超过30亿人生活在水资源严重不足到极度短缺的农业地区，其中12亿人（约占世界人口的1/6）生活在用水极度紧张的农业地区。这12亿人近半数分布在南亚，其中约4.6亿分布在东亚和东南亚。缺水以不同方式影响着农业生产系统。在雨养地区，频发的干旱是农业生产的一大制约因素，而灌溉农业也面临水资源压力。多重因素决定着一个国家应对水资源不足和短缺的能力，包括缺水程度、发展水平、政治和社会经济以及文化结构、投资于农业的能力、气候变化的影响等。

四、旅游资源发展

旅游资源的发展满足了人们日益增长的物质和文化需求，给予人们精神滋养。其分类也极其丰富，涉及文化资源与自然资源两个维度（见图3.7），为了将旅游资源发展更加直观鲜明地展现出来，下文将近年来旅游资源发展以创造出资源经济价值的方式进行阐述。

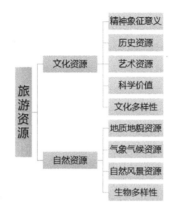

图3.7 世界旅游资源分类关系图

随着2021年各国实施的宏观经济政策的不断放宽，再加上世界各地疫苗的生产、投放和接种，从而推动了整个世界的旅游经济复苏和上升，整个世界的旅游业得到了持续的增长。但是这一过程仍然较为缓慢，旅游经济的发展速度仍有待提升。

2021年，全球旅游业的总收入和总人次只有疫情前的60%左右，但是人们也越来越清楚地意识到，这次疫情给全球旅游业带来的巨大挑战不仅是改变了旅游业的发展模式，而且还改变了旅游业的结构，使得全球旅游业重新进入一个新的发展阶段。为了更好地促进世界旅游业的发展，世界旅游城市联合会与中国社会科学院旅游研究中心携手开展2022世界旅游经济趋势的研究，公布了《世界旅游经济趋势报告（2022）》（以下简称《报告》）。

根据《报告》的数据，（见图3.8和图3.9）2021年，世界各地的旅行人次突破66亿，世界各地的旅行业总收入也超过3.3万亿美元，分别恢复至2019年的53.7%和55.9%。

亿人次

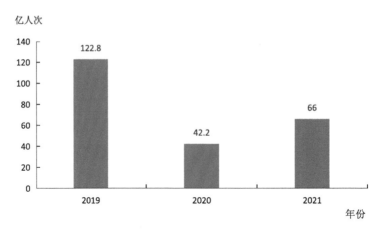

图3.8 2019～2021年全球旅游总人次

万亿美元

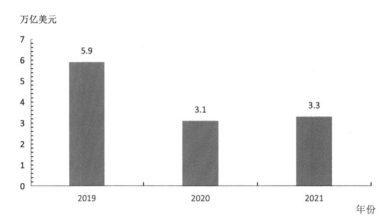

图3.9 2019～2021年全球旅游总收入

2020年之前，全球旅游总收入占国内生产总值的比例较为稳定，接近7%，疫情的暴发，导致2020年该比例降至3.7%，到2021年，略微回升至3.8%，与疫情前（2019年）相比，下降了3.1个百分点（见图3.10）。

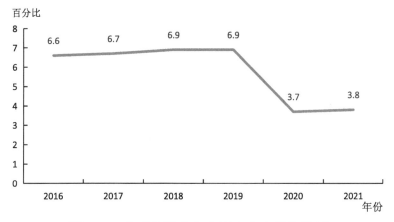

图3.10 全球旅游收入占国内生产总值比例

2021年，从《报告》中排名前20的国家（T20）的统计数据来看，其旅游总收入在全球的占比达到了80.2%，这一数字较2020年有了11.8%的增长，较2019年也有1.4%的上升。

具体从区域来看（见图3.11），欧美旅游业复苏较快。2021年美洲旅游人次和收入将达到2019年的65%；欧洲旅游人次和收入也达到2019年水平的52%以上。然而，亚洲和中东地区的旅游人次和收入仍未达到2019年的50%。在经济贡献方面，（见图3.12）2021年欧洲和美洲旅游总收入占国内生产总值的比例分别为4.4%和4.1%，排在第一个第二位：亚太地区为3.2%，排在第三位。

表3-4 2020～2021年T20国家排名

排名	2020	2021	排名	2020	2021
1	美国	美国	11	巴西	西班牙
2	中国	中国	12	西班牙	巴西
3	德国	德国	13	加拿大	加拿大
4	法国	墨西哥	14	奥地利	奥地利
5	英国	意大利	15	韩国	土耳其
6	意大利	日本	16	泰国	菲律宾
7	墨西哥	英国	17	菲律宾	韩国
8	印度	法国	18	瑞士	俄罗斯

排名	2020	2021	排名	2020	2021
9	日本	印度	19	土耳其	瑞士
10	澳大利亚	澳大利亚	20	俄罗斯	泰国

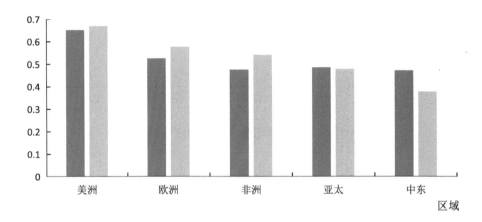

■旅游人次恢复到2019年水平　　■旅游总收入恢复到2019年水平

图3.11　五大区域旅游水平

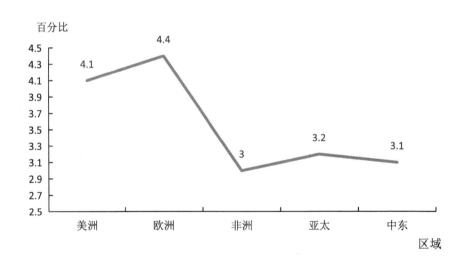

图3.12　2021年五大区域旅游收入占国内生产总值的比例

五、土地资源发展

在耕地面积方面，虽然美国的土地面积为世界第四，但其耕地面积却是世界第一，总面积为157.7万平方千米，且气候多样，适合多种作物生长。中国耕地面积为127.8万平方千米，占总面积的13.31%。中国南北幅员辽阔，气候多样，加上地形等因素，农作物种类繁多，以小麦、水稻、玉米和其他作物为主。印度的土地面积大约为中国土地面积的1/3，然而，其中耕种的占比却很大，超过156.4万平方千米，近一半的土地面积均用于耕地。俄罗斯拥有世界上最大的国土面积，但其耕地面积并不是第一名。俄罗斯耕地面积为121.6万平方千米，不到其国土面积的1/10。然而，俄罗斯的土壤深厚且富含有机物，这为大豆的生长提供了极佳的条件，为其发展提供了巨大的潜力。作为南美洲陆地面积最大的国家，巴西的耕地面积也非常大，达到了55.7万平方千米。巴西的咖啡、蔗糖、柑橘和芸豆产量居世界首位，大豆、玉米和大米产量也是全球前列。因此，巴西是全球重要的粮食出口国。阿根廷是南美国土面积第二大国，共有39.2万平方千米的耕地。加拿大国土面积全球第二，但其耕地面积仅为38.6万平方千米，占其国土面积的3.87%。加拿大的大部分领土是森林，35%被雪覆盖，城市和耕地不到15%，尽管如此，加拿大的五大产业仍然包括农业。尼日利亚的耕地总面积达34万平方千米，耕地比例超过国土面积的三分之一。尼日利亚还是非洲国内生产总值最高的国家，对整个非洲都有重要影响。虽然乌克兰的国土面积在世界上排名很低，但它有32.8万平方千米的耕地，且乌克兰的土地适合耕种，大约60%的农田都是极其珍贵的黑土或黑钙土，这种土壤富含养分，十分适宜农作物的生长和发育。澳大利业的陆地面积居世界第六位，但耕地面积仅占国上面积的4.02%，为30.9万平方千米。这是因为澳大利亚的大部分地区都是沙漠，根本无法耕种。（部分数据源于世界银行公开数据）

在森林面积方面，根据联合国粮农组织《2020年全球森林资源评估：主报告》评估统计，世界森林总面积为40.6亿公顷，占全球土地总面积的31%，相当于每人0.52公顷。

从不同气候带来看，森林面积最大的是热带，有183413.6万公顷，占45%；其次是寒带，110987.1万公顷，占27%；再次是温带，66580.3万公顷，占16%；最后是亚热带44912.2万公顷，占11%。

从不同区域来看，森林面积最大的是欧洲，有101746.1万公顷，占25%；其次是南美洲，84418.6万公顷，占21%；后面依次是北美和中美洲，75271万公顷，占19%；非洲，63663.9万公顷，占16%；亚洲，62268.7万公顷，占15%；大洋洲，18524.8万公顷，占5%。俄罗斯的森林面积为81531.2万公顷，占全球森林面积的20%，是世界上森林面积最多的国家。森林面积最大的5个国家的森林面积超过世界森林面积的一半，占54%，分别是：俄罗斯联邦、巴西、加拿大、美国和中国。中国拥有21997.8万公顷的森林资源，位居全球第五，占全球森林面积的5%。

第二节　中国资源经济发展的概况

一、能源资源发展

一次能源生产和消费方面，从整体来看呈现出递增的发展趋势（见图3.13），中国总体能源自给率低于100%，近几年保持在80%以上（见图3.14）。在2021年能源自给率为82.6%，中国一次能源产量43.3亿吨标准煤，煤炭29.01亿吨，石油2.86亿吨，天然气2.64亿吨，非化石能源8.79亿吨。能源消费总量52.4亿吨标准煤，其中，煤炭占比为56%，石油、天然气、非化石能源比例分别为18.5%、8.9%、16.6%（见图3.15）。

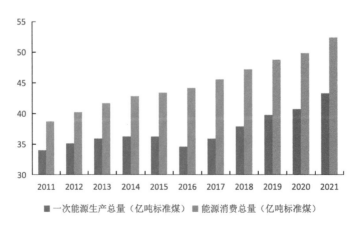

图3.13　2011～2021年中国能源生产以及消费情况

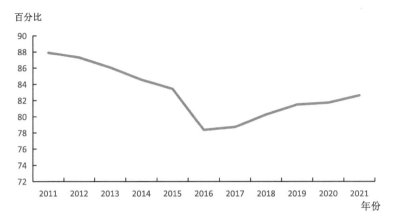

图3.14　2011～2021年中国能源自给率

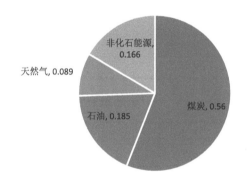

■ 煤炭　■ 石油　■ 天然气　■ 非化石能源

图3.15　2021年中国能源消费分品种占比

　　就我国煤炭供需情况而言，在2011～2021年期间，（见表3-5）煤炭消费量在38.8亿～42.4亿吨左右波动，煤炭生产量在34.1亿～41.3亿吨左右波动，在2021年产量达到顶峰。煤炭进口量在2.04亿～3.27亿吨间变动，近几年进口稳定在3亿吨左右，出口量在0.05亿～0.15亿吨间波动，同时煤炭自给率近年来接近100%。煤炭直接消费以加工转换为主（见表3-6），占比达82%左右，其中火力发电占比最高达到52.3%，炼焦占比次之，为16.3%。终端消费量中工业占比最高为14.45%，生活消费量占比1.55%。

表3-5　2011~2021年中煤炭供需情况

供需年份	2011	2012	2013	2014	2015	2016	2017	2018	2019	2020	2021
煤炭消费（亿吨）	38.9	41.1	42.4	41.3	39.9	38.8	39.1	39.7	40.1	40.4	42.3
煤炭生产（亿吨）	37.6	39.5	39.7	38.7	37.5	34.1	35.2	37	38.5	39	41.3
煤炭进口（亿吨）	2.22	2.88	3.27	2.91	2.04	2.56	2.71	2.82	3	3.04	3.23
煤炭出口（亿吨）	0.15	0.09	0.08	0.06	0.05	0.09	0.08	0.05	0.06	0.07	0.09

数据来源：中国能源统计年鉴。

表3-6　2020年中国煤炭分行业消费情况

煤炭消费		万吨	占比（%）
加工转换	火力发电	211635	52.30
	供热	36933	9.14
	洗选煤	11301	2.79
	炼焦	65968	16.30
	炼油	3047	0.75
	制气	3309	0.82
	合计	332193	82.10
终端消费量	农林牧渔	2254	0.56
	工业	58457	14.45
	建筑业	639	0.16
	交通运输仓储邮政	241	0.06
	批发零售住宿餐饮	1981	0.49
	其他	2571	0.64
	生活	6283	1.55
	合计	72426	17.90
总计		404619	100

数据来源：中国能源统计年鉴。

在煤炭进口方面，2019~2021年，中国煤炭进口来源显著调整，2019年澳大利亚占比35%，印尼次之，占比31%，之后是蒙古国，占比16%。但在2021

年，印尼占比提升到49%，俄罗斯占比22%排名第二，蒙古国占比降低至7%。从澳大利亚、蒙古国进口量显著下降，自印尼、俄罗斯进口量显著提升。（见图3.16、图3.17）

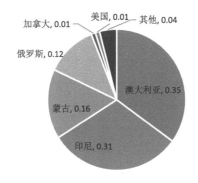

■ 澳大利亚 ■ 印尼 ■ 蒙古 ■ 俄罗斯 ■ 加拿大 ■ 美国 ■ 其他

图3.16　2019年中国煤炭进口来源

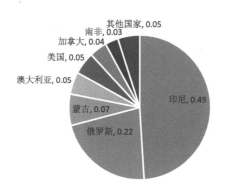

■ 印尼 ■ 俄罗斯 ■ 蒙古 ■ 澳大利亚 ■ 美国 ■ 加拿大 ■ 南非 ■ 其他国家

图3.17　2021年中国煤炭进口来源

在石油供需方面，从2017年起，我国的石油对外依存度超过70%，石油消费集中于终端部门，工业占比36.61%，交通运输占比31.94%；在加工转换里仅占比4.27%。在成品油中，汽油、柴油、煤油均能完全自给。相比2019年以来，2021年中国原油进口来源构成变化不大，其中前三个国家均是沙特、俄罗斯、伊拉克（见表3-7）。在国内，2021年原油产量超过1000万吨的省份共8个，包括天津、新疆、黑龙江、陕西、山东、广东、辽宁、甘肃8个省份，总计占全国90%的产量，石油消费主要集中于我国东南地区。

表3-7　2019年以及2021年中国原油进口来源

排名	2019年		2021年	
	国家	占比（%）	国家	占比（%）
1	沙特	16	沙特	17.10
2	俄罗斯	15	俄罗斯	15.50
3	伊拉克	10	伊拉克	10.60
4	安哥拉	9	阿曼	8.70
5	巴西	8	安哥拉	7.60
6	阿曼	7	阿联酋	6.20
7	科威特	4	巴西	5.90
8	阿联酋	3	科威特	5.90
9	伊朗	3	马来西亚	3.60
10	哥伦比亚	3	挪威	2.60

数据来源：海关。

在天然气方面，2021年，四川、新疆、陕西、内蒙古和广东省的天然气总量占全国的比例达到了80%，分别为26%、19%、14%、14%和7%，这些省份的数据表明，这些地区的发展潜力巨大。此外，天然气消费集中于主要产地和沿海地区。（部分数据源于中国能源统计年鉴）

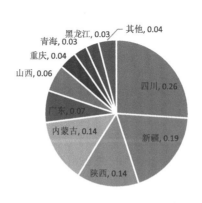

四川 新疆 陕西 内蒙古 广东 山西 重庆 青海 黑龙江 其他

图3.18　2021年中国天然气分省产量

二、矿产资源发展

我国铁矿石品位较低，平均品位仅为34.29%。相比之下，全球的铁矿石平均品位为48.42%。按照最新的数据，中国铁矿石原矿产量在2013～2021年间出现了小幅度的变化，其中2014～2017年间出现了下滑，2018～2021年间回升。截至2021年，我国铁矿石原矿产量达到了9.81亿吨，年增长率达到13.15%。按照全国范围内的统计，河北、辽宁和四川在全球铁矿石原矿产量方面处于领先位置。

表3-8　2013～2021年我国铁矿石原矿产量及增速

年份	2013	2014	2015	2016	2017	2018	2019	2020	2021
产量（亿吨）	14.51	15.14	13.81	12.81	12.29	7.63	8.44	8.67	9.81
增速（%）	10.76	4.34	-8.78	-7.24	-4.06	-37.92	10.62	2.73	13.15

数据来源：统计年鉴。

我国铁矿石的对外依存度居高不下。根据2015年的数据，中国的铁矿石对外依存度首次到达了80%之上，我国铁矿石进口贸易需求量长期处于高水平，截至2021年，中国铁矿石进口量达到了11.26亿吨，而总出口量则到达了0.23亿吨。进出口金额方面，2015～2021年我国铁矿石进口额增长迅速，截至2021年，进口金额达到1797.44亿美元，同比增长51.12%，而在2022年第一个季度，中国铁矿石进口金额为298.76亿美元，较上一年下降29.89%，出口金额为11.16亿美元，较上一年增长了67.47%。

从我国铁矿石进口来源地来看，（见图3.19）据统计，2021年，我国从澳大利亚、巴西进口铁矿石分别为6.94亿吨和2.38亿吨，各自减少了2.7%和增长0.8%；占全部进口矿的比重分别为61.65%和21.10%，合计为82.75%，相较于2020年提高了1.6个百分点，铁矿石价格上涨不仅没有带来非主流矿占比的扩大，反而加重了供给端的集中度。预计未来几年，我国仍然会是当今世界上较大的铁矿石进口国，并且与澳洲和巴西的贸易关系也会保持较为紧密。

我国铁矿石产品大多出口日本、中国台湾和韩国等地，2021年出口数量分别为1443.64万吨、622.72万吨和221.53万吨，这三个地区出口产品总量比例达到98.03%。（见图3.20）

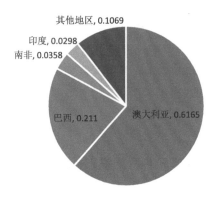

图3.19　2021年中国铁矿石进口来源地进口量分布

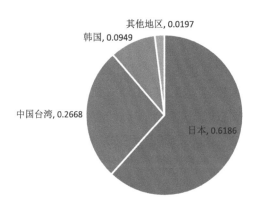

图3.20　2021年中国铁矿石出口目的地出口量分布

在有色金属生产方面，工业生产稳中有升。国家统计局数据显示，2022年，规模以上有色金属企业工业增加值比上年增长5.2%，增速比全国规上工业增加值增速高1.6个百分点。2022年，我国十种常用有色金属（铜、铝、铅、锌、镍、锡、锑、硅、镁、钛）产量为6793.6万吨，比上年增长4.9%。

其中，精炼铜产量为1106.3万吨，增长5.5%；原铝产量为4021.4万吨，增长4.4%。氧化铝产量8186.2万吨，增长5.6%；铜材产量2286.5万吨，增长5.7%；铝材产量6221.6万吨，微幅下调，下降1.4%。

在有色金属消费方面，精炼铜、原铝消费保持增长，但原铝消费增幅放缓。据有色金属工业协会统计，2022年，我国精炼铜消费量为1415万吨，比上年增长4.8%；原铝消费量为3985万吨，增长0.5%，增速比上年放缓4.4个百分点。全铜人均消费量保持增长、全铝人均消费量微幅回调。2022年，我国全铜人均年消费量11.0千克/人，比上年增长4.5%；全铝人均年消费量30.2千克/人，下降0.4%。

在有色金属固定资产投资方面，固定资产投资增长较快。国家统计局数据显示，2022年有色金属矿采选业完成固定资产投资比上年增长8.4%，增速比上年加快6.5个百分点。有色金属冶炼和压延加工业完成固定资产投资比上年增长15.7%，增速比上年加快11.1个百分点，其中，民间投资增长19.5%，增速加快8.5个百分点。（部分数据源于国家统计局、中国有色金属工业协会）

三、农业资源发展

在农业用地方面，由于我国地形复杂多样，山区面积大，平原面积小，耕地面积占国土面积比重较小（约占陆地面积的13.3%）。据第三次全国国土调查数据显示，我国耕地、园地、林地、草地、湿地、建设用地面积分别为19.179亿亩、3.026亿亩、42.6亿亩、39.67亿亩、3.5亿亩以及6.13亿亩。19.179亿亩耕地中有水田4.709亿亩，占耕地面积24.55%；水浇地4.817亿亩，占耕地面积25.12%；旱地9.653亿亩，占耕地面积50.33%（见图3.21）。[①]从"三调"数据分析看来，在"二调"之后的10年时间里，全国耕地缩减，共减少了大约1.13亿亩，反映出人均耕地面积也在一定程度递减，"一调"为1.59亩/人，"二调"1.52亩/人，"三调"1.36亩/人。随着非农建设的不断增加，耕地的面积受到越来越大的影响，这种影响的根源可以归咎于农业结构的变革以及国家的环境保护政策即国土绿化的实施。

① 中华人民共和国中央人民政府. 第三次全国国土调查主要数据成果发布〔EB/OL〕.（2021-08-26）〔2023-07-07〕. http://www.gov.cn/xinwen/2021-08/26/content_5633497.htm.

过去10年的变迁过程表明，耕地与林地、园地相互流向，最终结果是，耕地净流向林地和园地的面积分别是1.12亿亩和0.63亿亩。全国共有8700多万亩即可恢复为耕地的农用地仍然能够被重新利用，而1.66亿亩的农田则能够经由各种技术和管理手段得到改善，如果需要，这部分农用地可通过相应措施恢复为耕地。因此，要统筹安排，进行系统性的规划和有效的监督，坚决守住18亿亩耕地红线。同时，也要加强对农田的保护，应当采取更加严苛的措施来确保农业的长期稳定发展。

在分布上，我国约90%的耕地分布在东部季风区，这些地区主要是由400毫米的年平均降雨量所构成。从耕地类型看，有93%的水田农作物分布秦岭-淮河流域附近以南的地区，而有85%的旱地和水浇地农作物分布秦岭-淮河流域北方地区。从我国耕地的灌溉条件分析，有灌溉设施系统的耕地高达45.1%，而没有这种灌溉系统的土地比例为54.9%。

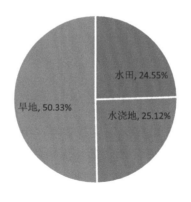

图3.21　我国耕地类型占比

在农业用水方面，2021年，全国用水总量为5920.2亿立方米，其中农业用水为3644.3亿立方米，占用水总量的61.5%。与2020年相比，用水总量增加107.3亿立方米，其中农业用水增加31.9亿立方米。从各个地区来看，农业用水量第一的省份是新疆，其后为黑龙江、江苏、广东、湖南等省份。详见表3-9。

表3-9 2021年中国各省农业用水量

地区	农业用水量（亿立方米）	地区	农业用水量（亿立方米）	地区	农业用水量（亿立方米）
北京	2.8	安徽	144.1	四川	158.6
天津	9.3	福建	99.8	贵州	62.1
河北	97.1	江西	167.3	云南	112.1
山西	40.8	山东	115.8	西藏	27.3
内蒙古	137.5	河南	115	陕西	54.6
辽宁	77.2	湖北	177.7	甘肃	82.6
吉林	79.9	湖南	199.9	青海	17.5
黑龙江	289.2	广东	204.2	宁夏	56.9
上海	15.3	广西	189.6	新疆	527.9
江苏	246.2	海南	34		
浙江	73.3	重庆	28.7		

数据来源：统计年鉴。

在农业气候方面，目前，针对农业发展的需求，在我国已建成的天气、气候监测网的基础上，还建设了653个农业气象观测站、70个农业气象试验站、2700余个自动土壤水分观测站，基本覆盖了全国主要的粮食主产区大宗作物和特色经济作物。另外，全国卫星遥感综合应用体系初步形成，利用多源卫星资料开展了农作物长势、农作物产量和种植面积、农业气象灾害等方面监测评估工作。（部分数据源于统计年鉴）

四、旅游资源发展

中华大地拥有众多的自然美景，山川秀美、湖泊壮阔、植被繁茂；还有着丰富的历史古迹、宗教建筑、民俗传说等人文资源，这些独特的自然资源和人文资源，为各地的旅游经济增长和社会进步提供了重要的支持。为了将我国旅游资源以更加直观、鲜明的方式展现出来，同世界旅游资源的分析方式一致，下面将从近年来旅游资源发展创造出的资源经济价值以及旅游人员流动等方面进行分析阐述。

截至2021年末，全国旅行社的数量已经达到42432家（按2021年第四季度旅行社数量计算），相对于2020年的水平，这一数据提高了4.30%。数据显示，黑龙江和云南的旅行社家数量有所下降，吉林和西藏的旅行社家数保持稳定，其他28个省份的旅行社家数则出现了一定的增长，其中，海南、新疆、湖南、甘肃和宁夏这5个省份的数量增幅超过了10%，海南的旅行社数量增幅最高，达到了17.17%。广东、北京、江苏、浙江、山东这5个地区拥有的旅行社数量均超过2000家，其中广东拥有的数量为3592家；西藏、宁夏和新疆生产建设兵团总计有500家，其中西藏有310家，宁夏有191家，新疆生产建设兵团有167家。截至2022年9月30日，全国旅行社总数为44359家。

由于疫情的影响，2021年，旅行社的营业收入显著下降，达到了1467.48亿元，而营业利润则为-3亿元。然而，随着营业成本的不断降低，2021年旅行社的整体利润和亏损总额较2020年有所下降，这一趋势仍在持续。2021年，旅行社旅游业务超过99%的收入来自国内旅游营收，入境和出境旅游营业收入规模均未超过10亿元。

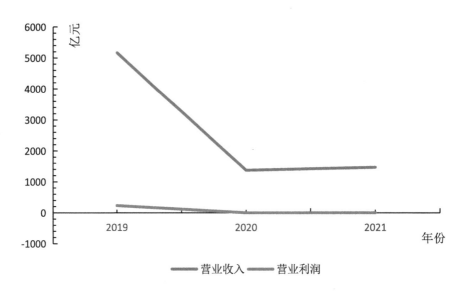

图3.22 2019～2021年我国旅行社营业收入和营业利润

在2022年，由于新冠疫情，国内旅游业出现了一定程度的萎靡。全年，国内旅游客流量仅为25.30亿，跟上年相比大幅下滑，下降了22.1%。具体来看，城乡居民的国内出行量分别为19.28亿，同去年下降17.7%；而农村居民的国内出行量则为6.01亿，同去年下降33.5%。根据季度数据，一季度发现全球旅行者总数为8.30亿，较上一季度减少了19.0%；二季度，全球旅行者总数为6.25亿，较上一季度减少了26.2%；三季度，全球旅行者总数为6.39亿，较上一季度减少了21.9%；而四季度，全球旅行者总数为4.36亿，较上一季度减少了21.7%。

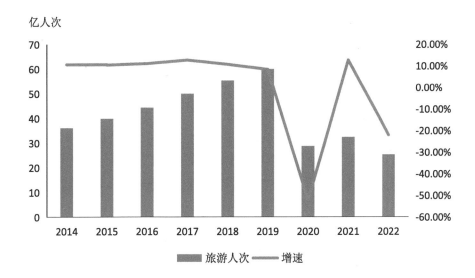

图3.23 2014～2022年我国旅游人次及增速

表3-10 2017～2022我国城镇旅游人次及农村旅游人次

年份	2017	2018	2019	2020	2021	2022
城镇旅游人次（亿人次）	36.77	41.19	44.71	20.65	23.42	19.28
农村旅游人次（亿人次）	13.24	14.2	15.35	8.14	9.04	6.01

数据来源：统计年鉴。

2022年，中国国内旅游收入为2.04万亿元，比2021年减少0.87万亿元，同比下降30.0%，是2019年旅游收入的35.6%。从城乡划分来看，城镇居民是我国国内旅游消费的主力军。2022年，城市居民出游消费总额达到1.69万亿元，较去年下降28.6%；而农村居民出游消费总额仅为0.36万亿元，较去年下降了35.8%。详见表3-11。

表3-11 2017～2022我国城镇旅游收入及农村旅游收入

年份	2017	2018	2019	2020	2021	2022
城镇旅游收入（万亿元）	3.77	4.26	4.75	1.8	2.36	1.69
农村旅游收入（万亿元）	0.8	0.87	0.97	0.43	0.55	0.36

数据来源：统计年鉴。

五、土地资源发展

耕地是我国宝贵的土地资源，它们分布广泛，大多数集中于东北、华北、长江中下游、珠江三角洲，以及群山环绕的盆地、丘陵山区和其他地势平坦地区，而西部地区耕地面积占比较小，分布零散。

第三次全国国土调查（以下简称"三调"）数据显示，我国的19.179亿亩耕地中，有水田4.709亿亩、水浇地4.817亿亩、旱地9.653亿亩。64%的耕地集中在秦岭-淮河以北。五个省份耕地面积较大，占全国耕地总面积的40%，分别为黑龙江、内蒙古、河南、吉林、新疆等。"二调"和"三调"的耕地面积变化显著，呈现出增减的变化趋势，其中黑龙江、吉林、辽宁、内蒙古、新疆五个省份耕地面积在增加，其中26个省份的耕地面积都在缩减。

黑龙江省的耕地总面积达到2.579亿亩，相比前一次的统计值提升了将近8%，位列全国第一。内蒙古自治区耕地面积1.7255亿亩，居全国第二位。其中，水田、水浇地、旱地分别为237.93万亩、8274.28万亩、8743.22万亩，分别占比1.38%、47.95%、50.67%。这些农业耕地大多位于西辽河平原、松嫩平原嫩江右岸、河套平原以及土默川平原。根据"三调"的统计，河南省的耕地1.2229亿亩位列国内第三。此外，根据数据显示，吉林省耕地面积占1.1247亿亩，位列全国第四，总规模占全国5.86%。新疆的耕地面积大幅度提升，相比较第一次国土调查结果，该省的耕地面积增加了2873.29万亩，上升至1.06亿亩，在全国排名第五。山东省耕地总面积9692.08万亩。其中，水田142.22万亩，占1.47%；水浇地7011.37万亩，占72.33%；旱地2539.21万亩，占26.20%。其中菏泽、潍坊、德州、临沂四个地区耕地面积占比最大，占全省耕地面积的41.81%。河北省拥有9051.26万亩的耕地，其中，水田、水浇地、旱地分别为145.65万亩、5807.60万亩、3098.01万亩。安徽省拥有

8320.35万亩耕地，占全国耕地总量的4.3%，在全国中排名第八。其中，水田、水浇地、旱地面积分别为4040.74万、340.40万亩、3939.21万亩，分别占比48.56%、4.09%、47.35%。云南耕地面积9300多万亩，其中旱地、水田分别占比80%和20%；而山区与半山区的耕地占比则大约在80%。四川省的耕地总量仅有7840.75万亩，相对于第二次的统计结果有所下降。

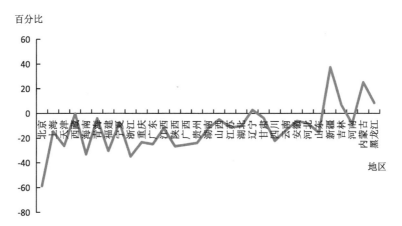

图3.24 "二调"与"三调"期间中国31个省（区、市）耕地面积变化比例

经过第九次全国森林资源调查，我国的总体森林面积为22044.62万公顷，占世界比例为5.51%。在我国，内蒙古、云南、黑龙江、四川、西藏和广西这些省份森林面积比例最高，共有11471.88万公顷，占全国的52.57%。我国森林覆盖率为22.96%，山东、江西、中国台湾和广西的森林覆盖率均超过60%，云南、广东、浙江、海南四个省份森林覆盖率处于50%～60%之间，森林覆盖率在30%～50%的有湖南等11个省份，在10%～30%这个比例范围的有安徽等13个省份，森林覆盖率不足10%的有青海、新疆两个省份。全国活立木总蓄积190.07亿立方米，主要分布在西南和东北省份，其中西藏、云南、黑龙江、四川、内蒙古、吉林6省活立木蓄积合计1112605.75万立方米，占全国活立木蓄积的60.12%。我国的森林蓄积为175.60亿立方米，森林蓄积较大的有西藏、云南、四川、黑龙江、内蒙古以及吉林等省份，这些省合计1050323.24万立方米占全国总森林蓄积的61.57%。

第三节　云南资源经济发展概况

一、能源资源发展

近十年来，云南能源产业发展迅速，能源产品"量与质"双双提升，供给结构实现清洁高效转变。能源工业已经成长为云南工业经济发展的第一大支柱。能源产业已成为引领和支撑云南高质量发展的中坚力量。[①]

煤炭去产能持续推进，企业精简规模扩大。自2016年全省煤炭生产企业整合升级以及去产能工作推进以来，全省经济结构不断优化，环境保护和生态文明建设工作稳步推进，煤炭行业进行了深刻的改革。煤炭生产企业数量减少但质量提高，2012年规模以上工业原煤生产企业有369户，原煤产量7610.37万吨，2021年仅为104户，原煤产量5796.01万吨。原煤产量虽然减少近四分之一，但企业的户均产量从20.62万吨提升至55.73万吨，增长了1.7倍。煤炭产能结构的调整，使煤炭行业整体的能效水平提升，产业结构优化。

清洁电力比重处于全国较高水平。2012～2021年，云南规模以上工业发电量从1533.94亿千瓦·时提高到3434.25亿千瓦·时，年均增长9.4%。清洁电力（水力发电、风力发电、光伏发电、核能发电）也从1065.44亿千瓦·时提高到2982.08亿千瓦·时，年均增长12.1%，高于发电量的增长水平2.7个百分点，清洁电力比重从69.5%提升到86.8%，占比提高17.3个百分点。发电量在全国居于第九位，而清洁电力比重排第二位，清洁电力比重远高于全国平均水平（28.9%）。云南清洁电力长足发展，有效缓解经济发展中环境的承载压力，为云南建成生态文明排头兵增添了新动力。其中，2021年云南水力发电2716亿千瓦时，占全国水力发电总量的22.9%，发电总量仅次于四川，位居全国第二。云南在金沙江、澜沧江干流规划29座电站，全部投产20座。2021年云南风电可利用小时数为2618小时，比全国平均数值高16.5%。

近年来，云南省的风力发电取得了进步，从2022年9月的数据来看，该省

---

① 云南统计.喜迎二十大系列报道：十八大以来云南能源生产发展报告［EB/OL］.（2022-09-22）［2023-07-07］https://mp.weixin.qq.com/s/qrhDCFJtUsQUJ3iNcz_fOw.

的总装机容量已经超过了883万千瓦，这一数字在云南省调平衡电源发电和云南全社会用电中占比10.84%和13.9%，说明云南省的风力发电市场拥有极其可观的增长空间。到2021年年底，云南有18家绿色硅企业，多晶硅的产能达到了5万吨、而单晶硅则达到了93吉瓦，（约占全国的1/3）、而单晶硅片的产能也达到了99吉瓦（约占全国产能1/4），燃料电池片5吉瓦，成为世界上最大的绿色单晶硅光伏材料制造中心。随着"绿色能源牌"的支撑，曲靖初步建成完整硅光伏产业链闭环，已成为国内唯一拥有完整硅光伏产业链闭环的城市。曲靖经济技术开发区是国内光伏行业的重要枢纽，已成为中国硅光伏产业链最全的聚集区之一。

电力装机规模显著提升，电力保障能力大幅提高。2012年以来，云南电力建设成绩卓然，电力装机规模显著提升。随着溪洛渡、糯扎渡、梨园、阿海、乌东德、白鹤滩等水电项目建成投产，全省装机容量大幅提升，2012年全省电力装机容量为4824.82万千瓦，2020年全省电力装机容量跃上1亿千瓦台阶，至2021年已达到10634.85万千瓦，9年间增长了1.2倍，年均增长9.2%。云南电力资源丰富，随着电力装机规模的提升，电力行业本身蓬勃发展的同时，作为能源保障的支撑作用日益增强。云南规模以上工业发电量自2012年的1533.94亿千瓦·时，提高到2021年3434.25亿千瓦·时，9年间增长1.2倍，年均增长9.4%。发电量在满足省内用电的同时，外送电量大幅增加，2021年全省向外（省外、国外）输出电量1856.49亿千瓦·时，约占全省发电量的一半。其中，西电东送及溪洛渡、乌东德送广东电量约占外输电量的80%，"云南电"为内地经济发展提供了有力支撑。（部分数据源于云南省统计年鉴、统计公报）

二、有色金属发展

云南是一个有着众多宝贵资源的地方，被誉为"有色金属王国"，享誉世界。2021年，云南十种重要的有色金属材料（铝、镁、铜、铅、锌、镍、镁、锡、锑、钛、汞）的总产量达6454万吨，较上年度提升5.4%。2022年，云南省十种有色金属的总体产量突破6774.3万吨，较去年大幅度提升，其中，云南省的有色金属冶炼、压延加工等行业的发展速度也明显提高，其十种有色金属总体产量的增速已经高于全国的平均水准。2022年，十种有色金属产量697.11万吨，历史性接近700万吨，同比增长25.8%。其中电解铝产量从331.25万吨升至415.52万吨，近两年增速分别为27.8%、33.9%，上扬速度较快。根据《云南省绿色铝产业发展三年行动（2022～2024年）》的规划，2024年，我们将努力提升绿色铝产业链的整体经济效益，使其年均产值超过3500亿元，并最终全面建设一个强大的铝工业基地。

云南拥有一种与绿色铝相媲美的有色金属——绿色硅。工业硅历来被视为重要的硅基材料生产源头，云南省该金属的产量也位居全国前列。2021年，全国绿色硅产能约为500万吨，云南产量为112万吨，占比达到了22%；而全国工业硅产量约为291万吨，云南产量为51.64万吨，占比达到了18%。2022年，云南绿色硅产值同比增长130.9%，产值突破千亿，达1073亿元。

在有色金属锡方面，2021年，全球锡产量为37.84万吨，云南省锡产量为10.5万吨，占到27.7%。云南锡业和云南乘风两大公司是云南省重要的有色金属资源整合发展平台，在全球十大锡生产商中分别居第一和第四。云南锡的发展优势稳定。

云南拥有丰富的有色金属资源，已经发现了157种矿产，占全国已知矿种的91%，其中82种矿产的资源储量处于全国前列，31种矿产的含量则位居全国前3位。（部分数据源于国家统计局、云南省统计年鉴）

表3-12 云南有色金属产业发展状况

时间	十种有色金属产量（万吨）	增长率（%）	有色金属冶炼和压延加工业增长率（%）
2017	372.73	4.9	6.5
2018	356.48	−4.4	12.4
2019	405.08	13.6	4.9
2020	511.41	26.2	11.5
2021	571.55	11.8	10.6
2022	697.11	25.8	15.7

数据来源：国家统计局。

三、高原特色农业发展

近年来，云南不断加快发展，以其独具特色的高原特色农业为基础，从一个资源丰富的地区向资源优化配置高质量发展的大省跃升，持续朝着现代农业强省迈进，并取得了显著的成就。

云南的农业发展取得了巨大的成就，从2012年的1640.4亿元不断突破，到2021年实现了3870.2亿元的增长。这一发展不仅解决了当地的原材料短缺和生活需求的问题，而且还促进了农产品的深度加工和创新。截至2021年底，云南的农产品加工产值突破1万亿元，加工业产值与农业总产值比例提升，助力云南由农业大省跃升为一个农业强省的目标实现。

十年来，云南省坚持守好"米袋子""菜篮子""肉案子"，不断加强本省的高原特色农业发展，确保了重要的农产品的供应。

云南省的粮食产量从2012年的1687.3万吨上升到2021年的1930.3万吨，实现"十连增"，并位列全省粮油产销平衡区首位；同时，云南省的蔬菜产量也达到2748.9万吨，其中七成的蔬菜向全国150多个大中城市输送，出口40多个国家；此外，云南省的肉类生产量也从2012年的349万吨上升至2021年的487万吨，为当地的经济社会发展做出了积极贡献，肉类产品供应量在整个中国也处于领先地位。

云南省的高原特色农业正在快速发展，这使得当地人民能够安心地生活。此外，当地的传统产品如茶叶、食用菌、咖啡和水果等特色产业都在快速转型升级。这些产品的生长和收益都在十年内有所提高，尤其是茶叶和食用菌的产量也实现了"十连增"，花卉产值已经超过了千亿元，咖啡的种植面积和收益都超过了全国98%。具体来看，茶叶由2012年的27.17万吨增长到2021年的50.2万吨，成为云南部分地区农业经济的支柱性产业。2021年，大力推进"千亿云茶产业"的发展，种植面积达到740万亩，使得茶叶产区得到充分的利用，这使有机茶园认证面积在全国跃居首位。食用菌产量由2012年的5.25万吨增加到2021年的11.54万吨。云南是中国鲜切花生产的第一大省，28年来一直保持全国第一的地位。近年来，云南鲜切花的产量从2012年的71.8亿支迅速增长至2021年的162.25亿支，2021年增幅高达21.14%，种植面积也达到了32.6万亩，鲜切花的产值和规模都有了显著的提升。2021年，全省咖啡种植面积为139.29万亩，同比减少6.7%，占全国比重约98.84%；产量为10.87万吨，同比减少17%，占全国比重约99.69%。此外，云南水果、云南药材在2012年到2021年年均增长分别为10%和16%。天然橡胶、核桃、澳洲坚果种植面积和产量保持全国第一位。（部分数据源于云南省统计年鉴）

表3-13　云南特色农业产量

年份	粮食（万吨）	蔬菜（万吨）	茶叶（万吨）	食用菌（万吨）	咖啡（万吨）	鲜切花（万枝）	水果（万吨）
2012	1687.32	1470.86	27.17	5.25	8.2	71.80	598.83
2013	1757.39	1625.33	30.17	5.25	5.5	97.91	657.18
2014	1794.94	1735.26	33.55	6.18	11.7	85.42	690.59
2015	1791.27	1944.83	36.58	6.78	11.8	86.85	762.81
2016	1815.07	1968.61	37.31	8.05	13.9	100.59	797.74
2017	1843.42	2077.76	39.35	9.14	13.6	110.29	783.9
2018	1860.54	2205.71	42.33	8.96	13.79	112.23	813.35
2019	1870.03	2304.14	43.72	10.03	14.5	139.68	860.32
2020	1895.86	2507.9	46.32	11.88	13.1	146.57	961.58
2021	1930.3	2748.86	50.21	11.54	10.87	162.20	1142.6

数据来源：云南省统计年鉴。

四、文旅资源发展

云南是我国的资源大省，自然旅游资源和文化旅游资源均很丰富。

从自然地理区位来看，云南省位于东南亚半岛、东亚大陆、南亚次大陆的交界处，具有独特的地理位置。正是这种过渡与连接的自然地理区位赋予了云南自然资源的多样性。在我国排名世界前列的自然资源类型的亚类项目中，云南省就有9项典型性的资源项目。

雪山以奇特壮丽著称。云南境内就有德钦县梅里雪山、香格里拉哈巴雪山、丽江玉龙雪山、昆明轿子雪山等雪山。其中，梅里雪山坐落在云南迪庆藏族自治州德钦县与西藏察隅县的相交位置，与昆明相隔849公里，是省内的重要山脉；"金子之花朵"哈巴雪山，被称为"云南的玉珠峰"，因其独特的气候而闻名；玉龙雪山的著名风光无可比拟，有蓝月谷、冰塔林等著名的景点；轿子雪山因山体形态像轿子而由此得名，它的山峰景色秀美、山势陡峭，被称为"滇中第一山"。

在峡谷景观方面，"三江并流"是一处令人惊叹的自然风光，它坐落在青藏高地南端横断群山纵谷地带，面积4.1万平方公里，包含怒江、澜沧江、金沙江以及周围群山，构筑出一幅壮丽而又迷人的自然风光。

在岩溶景观方面。联合国教科文组织第31届世界遗产委员会已将以云南石林为主的"中国南方喀斯特"地形地貌奇观列入世界自然遗产名录。云南石林的发育面积、石柱高度在世界范围内都属罕见，是最为典型且有代表性的高石芽喀斯特地貌景观。除此之外，普者黑、阿庐古洞等也是有代表性的喀斯特地貌景观。

在湖泊景观方面，云南拥有众多美丽的湖泊。其中，程海是以"螺旋藻"而闻名的三个自然湖泊中最为人所知的，泸沽湖承载着神秘的摩梭文化，抚仙湖是我国最大的深水型淡水湖，洱海则是"玉洱银苍"中最为美妙的湖泊。它们都拥有优美的湖岸线和迷人的湖畔景色。

在森林多样性景观方面。云南的森林多样性令人惊叹，是全国植物种类最多的省份，全国3万种高等植物中，云南占62.9%，而且由于其独特的垂直气候，使得云南的森林多样性更加丰富多彩。

在珍稀保护动物景观方面。有"动物王国"之称的云南，拥有脊椎动物1737种，占全国的58.9%，还有包括滇金丝猴在内的79种珍稀保护动物。

在观赏植物景观方面。云南拥有东南亚最具影响力的鲜切花贸易集散区，被誉为"花卉王国"，有1500种花卉，在全国处于领先位置；许多植物的原始种群都在云南，因此云南也是一个珍贵的"天然物种基因库"。

在垂直气候景观方面。在云南840千米的水平范围内，海拔高差可达6663.6米。这种巨大的地势差异使云南拥有了从热带雨林到高山极地的各种气候变化，垂直气候景观让人惊叹不已。

从人文地理来看，云南拥有39.4万平方千米的土地，这片土地上汇集着丰富多彩的民族文化，形成了一个独特而又迷人的文化生态系统，使它成为世界上少有的"多民族群体与多民族文化共生带"。云南的民族文化融合得非常完美，拥有着令人惊叹的风格和魅力，是其他地区无法比拟的宝贵文化财富，这是其他地区所不具备的独特文化资源。联合国教科文组织的有关专家也认为"云南的文化多样性极其珍贵，是当今世界文化遗产的重要组成部分，必须加以保护和传承"。具体来看，云南的文化生态系统具有如下特征。

其一，宗教文化的多样性。云南的宗教文化十分丰富，原始信仰、传统宗教、外来宗教，以及当地的民族信仰都能找到其栖身之处。不同宗教的不同流派也能在此共同繁荣。多元的信仰构筑了云南文化中独特的宗教文化体系。其中尤其显著的是佛教文化，云南有着丰富的佛教文化，汉传佛教、藏传佛教，以及南传上座部佛教等不同流派在此共生共荣。

其二，民族文化的多样性。云南的民族文化丰富而又多元，拥有52种不同的民族，是我国少数民族种类最多的省份。尤其是以傣族、白族、哈尼族、佤族、纳西族等为代表的15种云南独有的民族和他们独特的生产生活方式，更是云南最具特色的民族文化景观。

其三，社会文化的多样性。随着时代的变迁，由于历史、自然、地理等多种因素的影响，各个民族的社会发展存在着明显的差异，从而使云南拥有了一部"活的社会发展史"，展示着丰富而独具特色的社会文化传统和风俗习惯。

这些极具典型性的人文多样性使云南的人文旅游在全球人文旅游市场中具有更强的竞争力，使其具备全球影响力的优质旅游资源。

从文旅资源创造的经济价值角度进行分析。2019年，云南省旅游收入达到近年来收入最高值11035亿元。尽管2020年，由于疫情冲击，云南省旅游收入下降至6477亿元，但总体看，云南省旅游市场快速回暖，特别是假日旅游市场强劲复苏。2022年一季度，云南省旅游业总收入达到1465.08亿元，较去年同期增长了85%，比全国预期的恢复水平提高了约24个百分点，达到2019年同期的56%。此外，旅游人数与整体收入趋势保持一致。2016～2019年，云南省旅游人数整体上看是保持增长的，2019年达到8.07亿人次。2020年旅游人数下降至5.29亿人次，同比下降34.41%。根据云南省文化和旅游厅的最新数据，2022年一季度，云南省接待游客达到1.39亿人次，较去年同期增长了110%，达到了2019年同期的67%，这一数字比全国预期的恢复水平高出了大约28个百分点，说明云南省旅游市场恢复较快，云南旅游产业创造的经济价值在向好发展。（部分数据源于云南省统计年鉴、统计公报）

五、土地资源发展

根据第三次全国国土调查，云南地区拥有耕地8093.32万亩。其中，水田、水浇地、旱地为1487.11万亩、268.09万亩、6338.12万亩，分别占18.38%、3.31%、78.31%，可见云南耕地中旱地占比较大。从全省各州市来看，曲靖、文山、红河、昭通、普洱等州市耕地面积较大，占整个云南省耕地面积的54%。

园地3858.24万亩。其中，果园、茶园、橡胶园分别为1475.76万亩、709.80万亩、1116.47万亩，占比为38.25%、18.40%、28.94%；其他园地占14.41%，可见在园地中果园占比较大。从全省各州市来看，园地主要分布在西双版纳、普洱、临沧、红河，4个州市比例合计为全省园地的61%左右。

林地37453.46万亩。其中，乔木林地占比较大，达到了84.83%；竹林地占比仅为0.62%；灌木林地面积为4337.52万亩，所占比例为11.58%；其他林地占2.98%。从全省各州市来看，其中普洱、楚雄、文山、大理、红河、迪庆这6个州市的林地面积占比较大，合计起来超过全省林地面积的一半。

湿地59.66万亩。其中，森林沼泽1.24万亩，占2.08%；灌丛沼泽0.31万亩，占0.51%；沼泽草地5.95万亩，占9.97%；内陆滩涂49.28万亩，占82.61%；沼泽地2.88万亩，占4.83%，其中内陆滩涂占比最大。湿地遍布于金沙江、澜沧江、怒江、独龙江、南盘江、元江以及九大高原湖泊的边缘，其中楚雄、迪庆、普洱、大理这4个州的湿地面积最大，达到了整个云南省的42%。

城镇村及工矿用地1610.59万亩。其中，其中，城镇土地有149万亩，占总面积的9.25%，建制镇土地有179.91万亩，占总面积的11.17%，村镇土地有1122.05万亩，占总面积的69.67%，而采矿业土地有128.94万亩，占总面积的8.00%，其中村镇土地的面积占比最大。此外，特殊用地还有30.69万亩，占总面积的1.91%。

交通运输用地789.62万亩。其中，铁路用地17.84万亩，占2.26%；轨道交通用地0.54万亩，占0.07%；公路用地297.29万亩，占37.65%，在交通运输中公路用地是铁路用地的16倍多；农村道路467.32万亩，占59.18%；机场用地5.94万亩，占0.75%；港口码头用地0.29万亩，占0.04%；管道运输用地0.40万亩，占0.05%，其中农村道路占比最大。

水域及水利设施用地912.72万亩。其中，河流水面占32.40%；湖泊水面占17.83%；水库水面28.73%；坑塘水面9.33%；沟渠占2.74%，其中河流水面占比最大；在水利设施用地中，水工建筑用地占1.88%；冰川及常年积雪64.70万亩，占7.09%。从全省州市来看，普洱、昆明、大理、玉溪、怒江的水域和水利设施用地面积极大，占全省水域及水利设施用地的46%。

表3-14　第三次全国国土调查下云南省土地情况（单位：万亩）

土地类型	耕地	园地	林地	草地	湿地	城镇村及工矿用地	水域及水利设施用地
面积	8093.32	3858.24	37453.46	1984.33	59.66	1610.59	912.72

数据来源：第三次全国国土调查。

第四章 中国资源经济发展的相关政策

第一节 中国关于资源经济发展的相关政策

一、《全国国土规划纲要（2016～2030年）》（以下简称《纲要》）解读

（一）《纲要》出台的背景

我国生态文明建设的空间载体和空间规划的物质基础是国土。改革开放以来，我国国土空间开发利用取得了显著的成就，凭借有限的资源支撑了长达30多年的高速增长。在新时代的背景下，供给侧结构性改革正在加快推进，国土开发和保护面临着很多新情况、新矛盾和新挑战。例如，一些地方出现了国土空间开发不平衡、环境污染严重、资源约束日益紧张、生态系统退化等问题。党中央高度重视生态文明建设，要求牢固树立和贯彻创新、协调、绿色、开放、共享的新发展理念，按照人口资源环境相均衡、经济社会生态效益相统一的原则，整体谋划国土空间开发与保护，构建科学的城市化格局、农业发展格局、生态安全格局，形成合理的生产、生活、生态空间，促进人与自然和谐共生。

（二）《纲要》的作用和意义

1.《纲要》的作用

《纲要》作为中国首部国家土地利用及保护的战略性、综合性、基础性规划政策，覆盖了中国的所有大陆区域和海洋部分国土（目前尚未包括香

港、澳门和台湾地区），对于各种可能影响到国家土地使用、保护和改善的活动有着重要的引导、监管意义，同时也能为相关的国土空间规划提供方向性指引和示范作用。

2.《纲要》的意义

《纲要》贯彻落实党中央治国理政新理念新思想新战略，按照统筹推进"五位一体"总体布局和协调推进"四个全面"战略布局要求，对国土空间开发、资源环境保护、国土综合整治和保障体系建设等作出总括性的计划和统一调度。《纲要》的制定和实行有助于优化国土空间开发格局，增强国家的整体实力并提高竞争优势；也有助于推动城市乡村地区之间的均衡发展，进一步强化了国土使用的协同效应，能有效地加强能源资源供应的能力，促进经济和社会的持续进步；同时也能有效的保护和改进自然环境，确保国土生态的安全；最后还能加速建立合理的空间规划结构，健全国土空间的使用保护机制，从而为我们打造美丽中国和实现中华民族伟大复兴的中国梦提供了关键的支持和基本保证。

（三）《纲要》的主要内容

1.对国土开发、保护、整治的指导思想、基本原则和主要目标进行明确论述

特别指出的是，我们要加速调整国家的土地开发使用模式，全方位提升土地的使用质量及效益，强化对于土地使用的控制并制定相应的政策体系以保障土地的空间规划和发展策略，同时要求必须遵守六项基本原则，实现六大关键目标，加快构建安全、和谐、开放、协调、富有竞争力和可持续发展的美丽国土。

2.确立了国土集聚开发、分类保护与综合整治"三位一体"总体格局

一是以"四大板块"为基础，即东部率先、中部崛起、西部开发、东北振兴，还有"三大战略"为引领，京津冀协同发展、长江经济带和"一带一路"倡议。以国家重点开发区域和优化开发区域为重点，打造若干国土开发重要轴带和重点集聚区，构建"多中心网络型"的集聚开发格局。二是基于资源环境承载力评价结果，针对五大类资源环境保护主题，即环境质量、人居生态、自然生态、水资源和耕地资源，区分保护、维护、修复三个不同保护级别，形成覆盖全域"五类三级"的国土保护格局。三是以主要城市化地区、农村地区、重点生态功能区和矿产资源开发集中区，及海岸带和海岛地区为重点开展国土综合整治，形成"四区一带"的国土综合整治格局。

3.建立和完善一个基于用途控制的国土空间开发保护制度

这包括设立设置了"生存线""生态线""保障线"和耕地保有量、用水总量、国土开发强度、重点流域水质优良比例等11个约束性或预期性指标，以此来促进改革机制创新和相关政策的优化。

4.为了实现美丽国土建设的主要目标，安排了集聚开发、分类保护、综合整治、联动发展和支撑保障体系建设等重点任务

有关资源经济发展的内容，聚集在各个章节，《纲要》采取多种方法以推动资源的有效利用，下面主要依据集聚开发、分类保护、综合整治、联动发展和支撑保障体系建设等重点任务进行阐述。

（四）《纲要》关于集聚开发是如何部署的

根据地区协同发展的目标与主要功能定位的需求，我们需要结合使用国土空间用途管制、资源分配、环保门槛设置、关键基础设施建造等方式来指导经济活动有秩序地集中，形成一种既能有效分散又能充分发挥各自优势、节约且高效率的全国范围内的土地聚集开发模式，从而提升国土综合竞争力。

1.构建多中心网络型开发格局

一方面，推动京津冀、长江三角洲、珠江三角洲等地的发展来实现优化发展的共同进步、实现协调效应，集中于改善人口分布、产业结构、城镇布局规划等举措，调整国土空间开发利用方式，并进一步增强我国土地的使用效能，同时积极融入全球性的合作与竞争。此外，我们要大力提升核心地区的聚集效应和影响力，增加对外部产业的支持力度，适当扩展城市的规模，加深城市间的互动关系，充分发挥对中部地区崛起和西部大开发战略实施的引领带动作用。与此同时，要不断强化基础建设的投入，加强对环保工作的关注，努力推进新型工业化，进而提升人口和产业的聚集程度，辐射带动周边，形成更强的扩散效果。另一方面，积极培育国土开发轴带。借助主要交通干线和全面的运输系统网络，着重推动丝绸之路经济带建设和长江经济带的发展，以"两横三纵"开发轴带为主，推动全国范围内的国土集聚开发，指导各类资源向交通干线和连接通道有序自由流动和高效集聚，以便有效地调配资源并深化市场的整合。根据不同开发轴带的基础条件和所连接区域的社会经济发展状况，明晰战略目标和发展方向，加强各节点之间经济上的关联性和工作配合，促进人口和产业汇聚，提升轴带集聚效益。重点培育东西向开发轴带，使得国家的开发重点从沿海转向内地，促进缩小两地差异。

2.推进新型城镇化发展

主要关注的是如何促进各类城镇协调发展，对不同类型的城镇给予不同的指导，优化城镇空间结构，实现城乡一体化的进程等方面的问题。首先，以开发轴带和开发集聚区为依托，通过城市群来构建主体形态，促进大中小城市及其周边小城镇能够合理地分配职责，相互补充，形成共赢的发展局面。其次，需要稳定而有序地推进农村地区的农产品主产区城镇化进程，同时也要考虑到城镇扩张与关键农产品优势区的规划布局问题，强化对于农田尤其是耕地的保护力度，实行点状开发、面上保护，促进人口向城市和重点小城镇迁移；还需要根据现有的城镇分布情况，采取节约型的开发策略，完善县、乡镇公共服务基础设施配套工作，提升小城镇公共服务和居住功能，促进农业转移人口全面融入城镇。引导重点生态功能区城镇化发展，以现有城镇布局为基础，实施集约开发、集中建设，有步骤地引导生态移民向中小城市和重点小城镇集中。再次，按照促进生产空间集约高效、生活空间宜居适度、生态空间山清水秀的总体要求，调整优化城镇空间结构，力求创造出一种和谐、充满活力的、具有各自特点的城市风貌。控制生产空间，适当增加生活空间，严格保护并拓展城市开敞绿色空间，保护人文和自然文化遗产等用地，推进海绵城市建设，促进城镇生态环境改善，大力推进绿色城镇化。最后，我们需要对城乡进行整体规划、基础设施构建、公共服务提供、产业发展、环境保护和社会治理等方面做出综合考虑，并加速建立健全相关制度体系，以推动各类生产因素的顺利流转、农民市民化的自由转换、城乡共享资源的公平分配。增强接受城市功能移交与辐射农村发展的影响能力，推进城乡基本公共服务的均等化进程。

3.优化现代产业发展布局

进一步稳固农业基础地位，确保食物自给自足和口粮绝对安全为前提，大力推动区域优势农业发展，实现与市场需求和资源条件相适应的现代农业生产结构和区域布局，保障农产品生产空间，稳步提升地区优势农产品生产能力，全面提升农业现代化水平。优化现代产业发展布局主要侧重于几个方面，主要包括建设粮食主产区、非粮作物优势区的落实、畜牧产品优势区的巩固和提升、水产品优势区的加快培育、重点工业布局的调整、煤炭和电力基地的重点建设、石油化工和煤炭转化产业基地的提升、钢铁产业基地布局的优化、有色金属产业基地的有序建设、装备制造业基地的集聚发展、战略性新兴产业集聚区的积极培育、现代服务业集聚发展区域的培育、现代服务业中心建设的加快推进、物流贸易中心的有序发展、生态旅游产业的健康促进。

（五）《纲要》关于分类分级保护格局及措施和手段

国土保护是长期且持续的问题，国土保护其中包括各个地区土地资源的规划和利用，只有加强保护才能实现资源的永续利用，实现国家的可持续发展。习近平总书记曾明确指出，要把生态文明建设融入经济建设、政治建设、文化建设、社会建设的各个方面和全过程，形成节约资源、保护环境的空间格局、产业结构、生产方式、生活方式，为子孙后代留下天蓝、地绿、水清的生产生活环境。《纲要》遵循这一思想和理念，始终把保护作为规划的重中之重，坚持保护优先、自然修复为主，在保护中开发，在开发中保护。同时也意识到，中国广袤无垠的地貌特征使得各区间的地质状况有很大的区别，因此在制定该项政策时充分考虑到了各地的具体情况而采取灵活多样的策略方法，提出了保护要因地制宜、分类施策，也就是分类、分级保护的概念。按照保护、维护和修复三个级别，《纲要》把全国划分成16个保护区域实行全域的保护，具体划分成五类保护主题。

1.生态环境保护

主要聚焦于那些开发程度较高且存在严重环境问题的地区，就是目前重要的集聚区，比如京津冀、长江三角洲和珠江三角洲这一带区域的保护，核心关注点在于空气、水源与土地环境的健康状况。我们还需通过优化工业结构并严控高污染项目来实现对用水总量的有效管理。

2.人类居住环境保护

对于重点发展的城市地区，需要加大对城市绿化和人工湿地的维护力度，同时促进河流湖泊的连通性，增强地质灾害的防治能力。在农村地区，我们需要特别注意防止城市污染和工业污染向农村蔓延。

3.自然环境保护

主要任务是确立并严格遵守生态保护红线，中央政府也已经做出了相应的安排。一旦确定了生态保护红线，就必须严厉禁止不符合主体功能的行业和项目进行实施。

4.水资源保护

主要集中在四个方面，一是要保护水源涵养区、江河源头和湿地，特别注重修复生态脆弱河流和地区的水生态；二是科学制定陆域污染物的减排计划，避免陆域排放对水质造成的影响和破坏；三是按照以水定城、以水定地的原则，合理确定开发的规模，调整产业结构，严格限制高耗水的产业，坚决禁止占用生态用水；四是加强水资源的节约利用，明确到2030年全国用水量大概控制在7000亿方之内。

5.耕地资源保护

重点是两条，一是对耕地红线的坚守，划定永久基本农田，确定底线，以保障国家粮食供应稳定。二是要控制非农业用地侵占耕地的情况，采取盘活现有土地、降低新开垦土地的需求等方式，同时优化占补平衡策略，使其能保持使用与补充土地的质量及数量一致，从而解决问题。

在保护措施和手段方面，《纲要》设定了三条线：生存线、生态线、保障线，希望借助这三条线的设置，通过实行总量控制、配额管理，强化自上而下的监督管控，以此来引导各级地方政府集中解决当地突出的自然资源环境问题，同时利用多种方式，达到局部发展与全面保护的目标，实实在在为大自然留出更多生态区域，也为农业创造更广阔的发展领域，逐步构建蓝天碧水的美景新家。

（六）《纲要》"四区一带"的综合整治具体包括什么

"四区一带"的重点在于对四个区域（即主要的城市化地区、农村地区、重点生态功能区和矿产资源开发集中区）及两个特定区域（沿海地带和海洋岛屿）实施全面的国家土地整理工作。

1.城市化地区整治

主要关注的是对城市中的低效率土地重新利用及改善生态环境问题。其中包含了对城中村的拆迁改建、老旧住宅区的迁移调整以及旧工厂区的更新换代等措施，旨在提升土地的使用效益，充分实现资源的最大价值。其次，针对城市的环保问题，特别强调了空气质量、水质、土质以及城市废弃物与污水的处理方法，并给出了具体的建议。

2.农村土地整治

主要针对两个方面，一是农村居民点的综合整治，二是高标准农田建设。目前我国宅基地人均是300平方米，还存在散、乱、空的现象。通过整治，改善农村的人居环境，同时加强基础和公共设施服务。当前，中国每户农民平均拥有约300平方米的宅基地，仍存在分、散、杂、闲置的情况。经过治理、改造可以提升乡间的生活品质并强化基本公用服务的供给能力。关于高标准农田的发展目标是，在2030年全国要建成12亿亩高标准农田，这12亿亩建成以后，将落实藏粮于地、藏粮于技的战略。此举有助于实现"把饭碗牢牢端在中国人自己手上"的政策方针，从而保障国家的粮食安全。

3.重点生态功能区的综合整治

其关键在于实现退耕还林、湿地恢复和草原恢复，以增强水源涵养的作用，并增强水土的保持能力，从而提高抵抗风沙的能力。

4.矿产资源开发集中区的综合整治

其涉及两项任务，首先，是对矿区地质环境的综合管理与修复。预计至2030年，超过一半的历史遗留矿区地质环境问题能得到解决。特别是将被放弃矿区还原为自然生态环境，恢复其生态功能。其次，是大力推进绿色矿山的发展。这意味着要在安全、环保、能源节约和效率等方面下功夫。目标是到2030年，所有大型矿山都需满足绿色矿山的标准要求。为了达成这一目的，需要采取有效的措施来促进绿色矿山的建立。

最后为"一带"，就是海岸带和海岛综合整治。海岸带的整治，预计至2030年，我们将完成长达两千公里的海岸带整治与修复工作，并同步推动对海洋岛屿的保护与管理，特别是在限制无人居住岛屿的开发使用方面，以确保环境的维护与改善。

（七）《纲要》提出了何种构建协调联动的区域发展格局任务

国家以宏观视角规划各地区的发展策略，持续实施区域发展总体战略，重点推动实施"三大战略"，促进区域协调，使得各地之间的平衡与合作得到了显著提升。《纲要》按照中央的决策部署，提出了构建协调联动的区域发展格局任务。

1.全面实施三大战略

深入推进"一带一路"建设，以实现国内外经济发展的相互连接和互动，构建出新的沿海、沿江、沿边的区域协作及对外开放的新框架。同时，积极推动京津冀地区的协调发展，有计划地疏解北京非首都功能，并尝试探寻人口稠密区的高效利用方式。此外，还应大力支持长江流域的发展，始终秉持环境优先、环保导向的原则，共同维护生态环境，避免过度开发，充分发挥其主干道的辐射影响力，进一步扩展到周边地区。

2.继续实施东部率先、中部崛起、西部开发、东北振兴的区域发展总体战略

根据各地区的自然资源及环境条件，实行分级管理并强调利用其相对优势，明确各个地方的经济发展目标、开发现状、保护措施和治理责任，优化差异化的区域政策体系，提升区域政策的精确度。鼓励关键区域加速进步，充分发挥国家级新区等各种重要功能平台的作用。同时，也应关注落后偏远地区的发展速度，助力资源密集型的地区实现转型升级，尽力减少各地之间的发展落差。以此作为基础，重点推动以"三大战略"为引领，加强"四大板块"合作联动，促进"三大战略"与"四大板块"融合发展，构建新经济增长极和增长带，积极构想出全新的区域发展模式。

3.推进区域一体化发展

首先，《纲要》强调了充分发挥国土开发轴带的纵深联动作用，加速构建多功能交通网络，强化国土开发现代化前沿城市之间的经济发展与职能分担合作。其目标在于促进各类生产要素在全国范围内的无障碍流通及最优配置。其次，《纲要》提倡运用国土开发的聚集力来带动周围城市的增长、产业发展、自然资源使用效率提升、环境保护措施实施以及基础公共设施建设；还要推进重点地区的一体化进程，例如近年来的北京天津河北（简称"京津冀"）、长三角、珠三角、长江中游等重点地区的发展融合。

（八）《纲要》支撑保障体系和配套政策具体包括什么

与国土集聚开发、分类保护和综合整治"三位一体"总体格局相适应，建立一套更完备的基础设施系统，以提供充足的水电供应，提高灾害预防效率，并优化管理制度的现代化基础支撑与保障体系。其中包括了对基础设施建设的重视，重点在于进一步改善交通运输、铁路线路，升级现代化的航运结构，调整航空基地分布，科学安排管线传输路线，加速水利基建项目，深化农田灌溉设施建设，积极推行水资源分配计划，加大环境保护建设投入力度，大力推广信息化通信设备等。同时还需满足合理建筑用地的需求、强化水源整合利用、确保能源安全供给、提升稀有金属储备水平、增强自然灾害防御力、促进改革管理模式创新等多方面的实施策略。

聚焦资源环境、产业投资、财政税收等方面政策在充分发挥现有相关政策综合效能的基础上，需要进一步加强其整合效果并推动改革创新，同时探索出一套新的政策框架以支持国家土地利用结构调整的目标实现，确保《纲要》中设定的计划目标及关键项目能够顺利达成。

二、《关于"十四五"大宗固体废弃物综合利用的指导意见》（以下简称《指导意见》）解读

（一）《指导意见》出台的背景

开展资源综合利用是我国深入实施可持续发展战略的重要内容，大宗固体废弃物是资源综合利用的重点领域。最近几年，我国非常重视资源综合利用的工作，并将其融入生态环境建设的整体规划之中，持续改进和完善法律法规与政策体系，增强科技支持力度，建立标准的规则框架，以促进资源综合利用产业的蓬勃发展，各项工作的推进取得了显著的成果。在"十三五"期间，总计使用了大约130亿吨各种大宗固体废物，减少占用土地空间达到100万亩，资源环境和经济效益均显著。到了"十四五"时期，我国将开启全面建设社会主义现代化国家新征程，聚焦于高质量发展的主题上，提升资源使用的效能变得更为紧要。由于自然资源条件、能源构成、发展水平等多种原因的影响，未来的中国大宗固废仍然存在着生产强度大、利用不足、产品附加值偏低等问题。当前，累积的大型固体废物的储存量已经达到了600亿吨，并且每年的增加速度接近30亿吨，其中，红土、磷石膏、钢铁渣等固体废物的处理方式依然不够理想，因此，大规模固体废物的综合利用还需付出更多努力，任重道远。为深入贯彻落实党的十九届五中全会精神，需要进一步增强对大宗固体废弃物的综合应用能力，并全面优化资源的使用效率，因此，由国家发改委主导的《指导意见》被制定出来，该文件确定了在新时期下的大宗固体废物综合利用的关键领域及目标，同时还指出了如何通过协调的方式来稳定地提升其整体使用效能、持续推行绿色发展全过程、探索新的科技等关键任务，提出了实施资源高效利用行动，全力推动资源综合利用实现新的进步。

（二）《指导意见》提出的基本原则和目标

在原则方面，《指导意见》提出了新时期推动大宗固废综合利用的五个主要的原则。一是坚持政府引导与市场主导相结合。完善综合性政策措施，

充分发挥市场配置资源的决定性作用。二是坚持规模利用与高值利用相结合。积极拓宽大宗固废综合利用渠道，不断提高资源综合利用产品附加值。三是坚持消纳存量与控制增量相结合。科学有序消纳存量大宗固废，严控新增大宗固废堆存量。四是坚持突出重点与系统治理相结合。加强大宗固废综合利用全过程管理，协同推进产废、利废和规范处置各环节。五是坚持技术创新与模式创新相结合。强化创新引领，突破大宗固废综合利用技术瓶颈，培育大宗固废综合利用新模式。

在目标方面，《指导意见》提出：到2025年，大宗固废综合利用能力显著提升，利用规模不断扩大，新增大宗固废综合利用率达到60%，存量大宗固废有序减少。同时，提出综合利用产业体系不断完善、技术创新体系逐步建立、综合利用制度基本完善、协同发展模式不断创新和示范引领作用显著增强等5个方面的目标。

（三）《指导意见》在推动大宗固废综合利用方面确定的重点任务

《指导意见》从提升利用效率、推进绿色发展、推动创新发展3个方面明确了推动大宗固废综合利用的13项关键任务，涵盖了多个领域的发展需求。

1.提高大宗固废资源利用效率

针对煤矸石和粉煤灰、尾矿（共伴生矿）、冶炼渣、工业副产石膏等固废，提出这些固废综合利用的主要方式，旨在促进其有效率的使用。对于煤矸石和粉煤灰而言，建议将其用于填充物或作为建筑材料的原料来加以利用；对于尾矿（共伴生矿），鼓励采用沙子代替品制备或者采用有价值成分的多层提取等方式予以运用；对于冶炼渣，可采用混合到混凝土中、参与基础设施建设项目中的混入、贵金属的高效收集等方式予以运用；对于工业副产石膏，鼓励在建筑材料、土壤改良、路基材料、新材料制备等方面进行利用；对于建筑垃圾，可以考虑在建筑材料、土地改善、路面基础材料、新型材料的生成等方面去使用；对于农作物秸秆，应优先选择转化为肥料、动物饲料、清洁能源、高质量环保产品的方式进行利用。

2.推进大宗固废综合利用绿色发展

从产废行业绿色转型、利废行业绿色生产、大宗固废规范处置三个环节，明确了大宗固废综合利用全过程绿色发展的相关要求。对于产废行业，通过开展绿色设计、发展绿色矿业、开展重点行业绿色化改造、推动大宗固废产生过程自消纳、在工程建设领域推行绿色施工等实现大宗固废的源头减量。对于利废行业，加大对它的监控力度并积极采用绿色物流方式、执行清洁生产审查等措施来增强其管控能力。对于规范处置，通过加强大宗固废贮存及处置管理、统筹兼顾大宗固废增量消纳和存量治理，守住环境底线。

3.推动大宗固废综合利用创新发展

通过模式创新、科技创新、机制创新、管理创新四种途径，分别为相关方面安排任务。关于创新利用模式，对于不同领域，因地制宜提出具有推广价值的大宗固废综合利用模式。关于创新关键技术，加大技术研发投入力度，并建立基础研发平台，将大宗固废综合利用关键技术列入国家重点研发计划，以增强先进适用技术的推广和应用；关于创新协同机制，鼓励多产业协同利用，推进各行各业间的深入融合，强化跨地域的协作利用，推进国家重大战略区域的大宗固废协同处置利用；关于创新管理方式，采用现代化信息技术工具，逐渐形成"互联网+大宗固废"的管理策略，鼓励社会力量开展大宗固废综合利用交易信息服务、整合使用的市场资讯，从而提升资源利用的效率。

（四）国家发展改革委和相关部门将如何推动落实《指导意见》中提出的目标任务

为了确保工作的有效执行，《指导意见》提出四个具体的步骤。一是通过选择骨干企业实现示范引领的作用，并形成一批可复制、可推广的实施范例。二是综合利用基地建设行动。聚焦重点产废行业，培育大宗固废综合利用基地和工业资源综合利用基地；在粮棉主产区，培育工农复合型循环经济示范园区。三是资源综合利用产品推广行动。结合绿色生活创建、绿色建筑、环保采购、乡村建设等行动，加大资源综合利用产品推广力度。四是大宗固废系统治理能力提升行动。基于完善标准体系、加强统计工作、开展评价机制等多方面提出大宗固废综合利用能力的提升方法和路径。

（五）《指导意见》顺利有效实施的保障

为了增强执行力，《指导意见》提供了四个主要的保障手段。一是提高组织的协同能力。各级发展改革委和各有关部门必须认真履职，构建协作框架，全面促进大宗固体废弃物综合利用的工作取得进展。二是确保法律制度的稳定性和有效性。我们应该努力制定更完备的法规体系，并积极推动资源综合利用方面的立法进程，同时还要加强对违法违规行为的监督管理。三是完善支持政策。持续推行税费减免策略，激励绿色金融业务，支持相关的公司发行环保债券，并且鼓励各地政府大力扶持资源综合利用产业的发展，逐步寻找通过市场力量来驱动大宗固体废弃物综合利用的方法与模式。四是需要扩大宣传范围。充分运用各种媒介工具，增加有关政策信息、成功案例和优秀实践的传播频率，以激励投资者热情，营造出全民广泛参与的社会氛围。

三、《关于加快废旧物资循环利用体系建设的指导意见》（以下简称《循环利用指导意见》）解读

（一）《循环利用指导意见》的出台背景

构建完善的废弃物再利用系统对于增强资源的重复使用率、强化资源的安全保护机制、推动环保可持续的发展模式、助力达到减排目标至关重要。为了响应党的十九届五中全会精神和国家"十四五"规划《纲要》及《"十四五"循环经济发展规划》的要求，国家发改委等相关部门发布了《关于加快废旧物资循环利用体系建设的指导意见》，以更快的速度推进废弃物的再生利用体系的建设。

（二）《循环利用指导意见》的重点任务和具体目标

"十三五"以来，我国资源再生利用能力大幅度提升。2020年，我国废纸利用量达到了5490万吨；废钢利用量达到了2.6亿吨，相当于替代62%品位铁精矿4.1亿吨；再生有色金属产量达到1450万吨，占国内十种有色金属总产量的23.5%，其中再生铜产量为325万吨、再生铝产量为740万吨、再生铅产量240万吨。但是，目前我国资源利用效率水平还有很大的提升空间，再生资源回收利用不规范，缺乏用地保障对回收设施的支持，低值可回收物进行回收利用存在困难等现实情况还有待解决。

综上来看，《循环利用指导意见》清晰地阐述并设定了三方面重点任务和2025年前的主要目标，这有助于构建更高效且环保的废旧物资循环利用体系。一是完善废旧物资回收网络，打造超过1000个绿色分拣中心。二是提升再生资源加工利用水平，增强行业集聚化、规模化、规范化以及信息化水平。三是促进二手货品市场的发展和再制造产业发展，规范二手商品流通秩序并且提供更好的监管措施来维护消费者利益，扩大交易规模。《循环利用

指导意见》提出，到2025年，逐步优化现有的废旧物资循环利用政策体系，促进资源循环利用水平进一步提升，在部分大中城市优先建成一批完善的废旧物资循环利用体系，形成典型示范作用。

（三）《循环利用指导意见》围绕完善回收网络的部署

废弃物的回收再利用，不仅是再生资源产业链的首个步骤，也是将废弃物从社会生产和消费等各个领域的分散状态转变为相对集中的第一环节。做好这项任务，对于再生资源行业的发展具有极其重要的意义。

《循环利用指导意见》的重点在于构建更有效的废弃物收集系统，具体包括：优化废弃物的回收站点的设置，提高废弃物分拣中心的标准建设，促进废弃物回收的专业化发展；并增强废弃物回收行业的信息化能力。同时明确要以问题为导向，主要关注居民生活中面临的困境，例如要求根据实际情况来设计适合废旧家具等大件垃圾规范回收处理站点。另外，《循环利用指导意见》提倡按照不同的类别逐步实施综合性和专业的分拣中心建设，其中综合性的分拣中心应具备对危险物品的安全检查、筛选、包装及储存的功能，而专门化的分拣中心则需专注于对各类物品的精细挑选、裁剪、粉碎、清洁、包装和储存等方面的工作，确保每个环节都由专人负责。

（四）《循环利用指导意见》对再生资源加工利用的部署

近几年来，我国再生资源加工利用产业迅速发展，但仍有许多再生资源加工利用企业规模较小，管理能力不强，技术水平较低，深度加工能力有限，污染防治水平不高。《循环利用指导意见》详细描述了未来再生资源加工利用产业的发展方向，指出要依靠现有国家"城市矿产"示范基地、资源循环利用基地、工业资源综合利用基地，统筹规划布局再生资源加工利用基地和区域交易中心，推动再生资源产业集中发展。要加大先进再生资源加工利用技术装备推广应用力度，推动现有再生资源加工利用项目提高质量，进行改造升级，实施技术创新和设备更新，提高机械化、信息化和智能化水平，提高再生资源加工利用技术水平。要精确地采取措施，实施废钢铁、废有色金属、废塑料、废纸、废旧轮胎、废旧纺织品、废旧手机、废旧动力电池等废旧物资回收加工利用行业的规范管理，加强再生资源加工利用行业的监督管理。

（五）《循环利用指导意见》对闲置二手商品交易和再制造产业发展的部署

闲置资源优化利用是绿色消费的重要内容，也是节约资源的重要体现。目前，中国的二手物品交易还处在萌芽时期，居民通常会选择传统的线下方式处理他们的闲置物品。然而，由于缺乏有效的分类方法，以及较低的人员参与，导致这种做法受到了限制。伴随着电商的迅速发展，互联网技术与传统行业实现快速融合，出现了大量新兴应用场景。基于数字化、平台化交易进而实现闲置资源流转成为新的时代课题。《循环利用指导意见》明确指出，要大力推广二手产品的交易，增加二手产品交易的途径，提倡"互联网+二手"的新兴模式，同时也要确保二手产品在线交易平台的健康成长，规范交易流程，支持线下的二手商店的正规经营，支持集中建设标准规范的"跳蚤市场"；应该建立一套完整的二手产品交易的管理系统，包括各类二手产品的鉴别、评价、等级划分等方面，同时也需探讨关于二手产品再出售或翻新时引发的知识产权问题。最后，要加大对二手产品交易的监管力度，维护好二手产品的正常流转和交易活动。这样一来，我们的政策将会极大地刺激二手市场的潜能，从而推动二手产品的交易进入更加繁荣的发展时期。

根据《循环利用指导意见》的指示，需要促进再制造业的高质量发展。提高再制造的能力，推动新兴领域再制造产业发展，进一步突破和推广再制造共性关键技术，与工业智能化改造和数字化转型相结合，积极推行如工业设备再制造等项目。

（六）《循环利用指导意见》关于加快废旧物资循环利用体系建设的政策保障

1.强化土地使用和道路权益等方面的重要性保障

将交投点、中转站、分拣中心等废旧物资循环利用相关建设用地纳入国土空间总体规划，并将其作为城市配套的基础设施用地，保障合理用地需求。加大对再生资源加工利用产业基地、二手交易市场的用地支持。明确保障废旧物资回收车辆进城合理路权。把交投点、转运中心、分拣处理场所等相关废旧物循环再利用的建设用地列入国土空间总计划中，并将它们视为城市的基础设施用地，确保合理的用地需求得到满足。进一步增强对于再生资源加工及应用产业基地、二手市场等方面的用地支援力度。为废旧物的收集与运输提供必要的道路权利。

2.投资财税金融政策支持力度大

提出鼓励有条件的地方政府对低附加值可回收物回收利用制定支持政策，应整合现有的资金来源，进一步强化对于废旧物质再利用系统建设的项目支持。并须确保法律规定的节能用水及资源综合利用等相关的税收减免政策得到有效执行与优化。提倡银行和其他金融机构能更大力度地向废旧物质再利用的企业及其重要项目进行投融资，并且欢迎各种形式的社会资本加入该领域。此外，还需要增强政府购买绿色的产品和服务的能力，积极采购那些主要由再生资源制成的商品。

3.加强行业监督和管理

明确实施废铁、废铜、废塑料、废纸张、废橡胶、废布料、废手机、废电池等废旧物资的回收与再利用的行业标准化的管理规定。同时，也需增强对于再生资源回收及再利用产业环境保护的管理力度，要严厉打击非法拆卸处置报废汽车、废弃电器电子产品等行为。

4.完善和优化统计体系

明确提出如何构建和完善废旧物资循环利用统计制度，以促进企业、行业协会与政府机构之间的数据对接，扶持创建对再生资源回收重点关注的企业并持续更新其企业机制，以此解决这个领域中一直存在的数据界限模糊、指标不足、标准混乱、统计核算方式不够全面等一系列问题。

四、政策总结

《全国国土规划纲要（2016～2030年）》充分体现了党中央治国理政新理念、新思想和新战略，从整体谋划新时代国土空间开发保护格局。《纲要》特点鲜明，以重点开发举措促进区域间均衡发展，以资源环境承载力为基础促进可持续发展；强化陆海统筹，促进国土纵深发展。内容上主要从集聚开发、分类保护、综合整治、联动发展和支撑保障体系建设等重点任务进行阐述，为国土空间规划提供方向指引。《关于"十四五"大宗固体废弃物综合利用的指导意见》的出台，增强了对大宗固体废弃物的综合应用能力，全面优化了资源的使用效率，从提升利用效率、推进绿色发展、推动创新发展等方面明确了推动大宗固废综合利用的关键任务，涵盖了多个领域的发展需求，促进了资源高效利用。《关于加快废旧物资循环利用体系建设的指导意见》的出台，推进了我国废弃物再生利用体系建设，其重点内容聚焦在完善废旧物资回收网络、提升再生资源加工利用水平、促进二手货品市场的发展和再制造产业发展等方面，全面促进资源循环、持续利用，减少资源对外依存度，对碳达峰碳中和目标的实现具有重要意义。

第二节　云南关于资源经济发展的相关政策

一、《2023年推动经济稳进提质政策措施》（以下简称《稳进提质政策》）解读

（一）《稳进提质政策》的出台背景和意义

多年来，云南省政府持续推出了一系列旨在维护经济稳定与健康的政策举措，这些举措对促进各州市经济增长及保证各项任务圆满完成起到了关键的作用。2023年是贯彻党的二十大精神的开局之年，对于完成好经济工作影响深远。为了保障2023年云南经济的稳步发展，省政府提前规划并部署，在认真学习中央、省系列会议精神，并对2023年的经济趋势进行了研判，综合考虑2022年稳经济各类政策评估情况，确定了针对性强且能有效解决云南省经济短板和主要问题的策略，引导社会预期、提振市场信心，从而促使整个经济体系向好转变，最终形成《稳进提质政策》。

（二）《稳进提质政策》的工作要点和目标任务

《稳进提质政策》围绕省委经济工作会议、政府工作报告明确的年度工作要点和目标任务，共提出7个部分，25条政策措施。

1.强化市场主体培育

提出大力开展招商引资，积极推动省外产业的投资引进，确保招商到位资金增长15%；大力实施市场主体倍增计划，目标是新增的企业数量15万户以上；全力扶持中小微企业快速成长；预留出一部分省级专项资金大力增强创新创业能力；加大金融支持实体经济力度等政策措施。

2.壮大资源经济、口岸经济、园区经济

提出大力发展资源经济，吸引龙头企业参与优势资源开发利用；大力发展口岸经济，支持磨憨、瑞丽、河口等沿边产业园区发展；大力发展园区经

济，支持园区基础设施和配套公共服务设施建设等3条政策措施。

3.推进重点产业加快发展

推动高效设施农业迅速发展，加强烟草、绿色铝、硅光伏、新能源电池、新材料、生物医药等重要工业领域延链、补链、强链，促进煤炭增产和煤电产业的快速发展，同时加快数字经济的发展。

4.充分释放内需潜力

为了充分发挥消费的基础作用和投资的关键作用，提出强化重大项目的前期保障，进一步界定省预算内基本建设投资支持领域，积极扩大有效投资范围；改善和优化投资环境，激励民间投资；全力推动旅游服务的质量和水平提高；并给予新能源汽车等大宗商品消费等4条政策措施。

5.加快推进新型城镇化

围绕加强城市品质和基础设施建设，提出整合撬动各类资金加快城市更新；统筹不低于50亿元资金，支持10个县市创建"五城"共建重点县；统筹10亿元资金全面推进绿美云南建设等3条政策措施。

6.加快推进高水平对外开放

针对国家全面支持云南快速建立辐射中心的意见，提出促进外资外贸加快发展、加快提升中老铁路沿线发展能级等2条政策措施。

7.持续做好民生保障

提出全力保障就业总体稳定，做好重要民生商品保供稳价，加快推动房地产市场平稳健康发展，加大医疗、农村危房改造、农业转移人口市民化等民生保障投入力度等4条政策措施。

（三）《稳进提质政策》对于资源经济的发展部署

关于资源经济的内容主要来自政策文件第二部分的第六点内容：大力发展资源经济。第一，各地各部门要系统深入盘点用活优势资源，以资源换产业、以资源换市场、以资源换技术，提升资源利用效率，加快推进资源优势转化为产业优势。这就需要盘活优势矿产资源，盘活耕地资源，打造国内一流的新能源电池产业基地，做实重大项目土地报批前期工作，统筹好国土资源开发利用；要坚持全省"一盘棋"，各州市要积极探索和谋划好全省的资源开发和利用，逐步盘活闲置资源，使其产生应有的经济效益。要坚定不移按照"以资源换产业、以资源换市场、以资源换技术"的发展思路，聚焦"强链、补链、延链"，紧盯行业龙头企业精准招商，壮大产业集群。第二，积极吸引行业龙头企业参与三七、咖啡、核桃等农业资源，稀贵金属、磷、锂等矿产资源，水风光、页岩气等清洁能源以及文化旅游资源等开发利用和产业化，优先支持全产业链打造高附加值产品企业。云南省高原特色农业、绿色能源、有色矿冶、文旅康养、生物资源等产业都是依赖于自然资源的发展壮大而崛起，发展资源经济要用全产业链思维，将其融入生态环境保护中去，同时也要同乡村振兴战略结合起来，与新型城市化发展相结合，以高效率、高附加值、可持续性做强做大资源经济，有力支撑全省现代化建设。第三，完善资源管理办法，规范开发行为，细化权责关系，坚决杜绝占而不用。为了实现这一目标，需要构建一套明晰的资源所有权界定机制，合理化实现责任分配，打造保卫措施严密、流程畅通且监督管理有效力的自然资源权益体制，同时优化资源资产权利法制框架，确保对各种类型的自然资源权利持有者的公平保障。进一步强化市场的监督与调节机制，自然资源资产市场信用体系，保障自然资源资产流转顺畅、安全的交易及高效率的利用。

（四）《稳进提质政策》如何保障推进

各地各部门要提高政治站位，深化思想认识，增强行动力量。深刻认识"安全是发展的基础，稳定是强盛的前提"，更好统筹发展和安全，全力做好稳经济工作，抢抓政策机遇细化落实举措，加强经济运行分析和调度，主动做好政策宣传解读和市场预期引导工作；要加强政策评估和动态优化，做好政策储备研究，每季度末向云南省政府督查室、云南省发展改革委报送推进落实情况，云南省发展改革委每季度向云南省人民政府报告贯彻落实情况。扎实做好每一环节、认真对待每一个任务，以期能为全省各州市的发展做出更大的贡献。

二、《云南省矿产资源总体规划（2021～2025年）》（以下简称《规划》）解读

（一）《规划》的出台背景

为了加快云南省矿业的可持续发展，提高矿产资源保障能力和勘查开发保护水平，以服务和保障国家能源资源安全为目标，依据《中华人民共和国矿产资源法》和实施细则，《全国矿产资源规划（2021～2025年）》

《云南省矿产资源管理条例》《云南省国民经济和社会发展第十四个五年规划和2035年远景目标纲要》等政策规划，制定《云南省矿产资源总体规划（2021～2025年）》，该规划是加强和完善云南矿产资源宏观管理的重要手段，也是云南省在"十四五"时期审批和监督管理矿产资源保护、勘查、开采的重要依据。

（二）《规划》规划基础和指导思想

规划基础是概述了全省矿产资源勘查开发现状，总结了"十三五"矿产资源总体规划实施成效和存在的问题，分析了"十四五"期间矿产资源保护勘查开发面临的形势。

以习近平新时代中国特色社会主义思想为指导，深入贯彻党的十九大和十九届历次全会精神，全面贯彻习近平生态文明思想，统筹推进"五位一体"总体布局，协调推进"四个全面"战略布局，深入贯彻习近平总书记考察云南重要讲话精神，紧紧围绕"一个跨越""三个定位""五个着力"要求，立足新发展阶段，贯彻新发展理念，构建新发展格局，聚焦国家重大需求和云南省经济社会高质量发展需求，以矿业高质量绿色发展为主题，以矿产资源保护、勘查、开采为主线，以深化矿产资源管理改革创新为动力，保障战略性矿产资源有效供给，提升矿产资源开发利用水平，全面提高资源利用效率，推动矿业更高质量、更有效率、更加公平、更可持续发展，为云南省开启全面建设社会主义现代化新征程奠定坚实的矿产资源基础。

（三）《规划》的主要任务

1.统筹区域矿产资源勘查开发布局

我们需要对各地区的矿物资源的探测与开发布局进行综合考虑，以构建全新的有色金属行业链条并提升其竞争力，同时强化硅、稀贵金属及精细磷化工产业的发展，注重合理的运用地热资源等关键因素，优化调整全省的矿物资源勘探与开发布局。一是建设能源资源基地和国家规划矿区。构建全省能源资源保障格局。建设能源资源基地，服务国家能源资源安全；布局国家规划矿区，形成保障国家战略性矿产资源安全供给的接续区。二是划定矿产资源勘查开采分区。确定主要勘查区，充分运用中央及省财政资金的支持作用，精确、合理地部署探矿权，激励矿业权人增强地质勘查活动强度，寻找更多的资源量，并达到找矿的新进展。划定主要的开采区，以更严格的方式规管该地区的矿业开发情况，推动范围内的矿产资源规模开采、高效率利用、绿色开发，提升重要的矿产品对于整个社会经济发展的支撑力。三是设定国家规划矿区规划矿种勘查开采规划区块。以煤、锰、磷等矿种为勘查重点，划定勘查规划区块。以铁、金、磷等矿种为重点，划定开采规划区块。

2.保障矿产资源有效供给

主要聚焦在几个方面，一是推进能源矿产开发利用。二是保障金属矿产资源有效供给。三是强化稀有稀散稀土矿产开发。四是加强重要非金属矿产开发利用。

3.推进矿产资源高效利用

应当积极推广矿产资源节约利用和高效利用的技术水平，以提升矿产资源的使用效率；增加矿山开采回采率、提高选矿回收率以及增强综合利用率，并完善对固体废物的综合处理。支持磷矿资源的分级利用。提升煤矸石、粉煤灰和煤系共生矿产资源的综合开发利用能力。

4.推进矿产资源管理更加精细

一是推进矿产资源勘查管理。坚持财政出资地质勘查的基础性、公益性和引导性定位，推动地质找矿与矿业权管理的协调配合。做好对矿产资源国情的深度调查研究，以便摸清家底。二是严格新建、扩建矿山开采规模准入。严格遵守规划设定的矿山最低采矿规模设计准则，新建和扩建矿山。二是实施矿产资源差别化管理。合理调控开发利用强度。明确禁止、限制、重点勘查和开采矿种。对战略性矿产实施差别化管理。妥善处置各类保护区内的矿业权。三是落实好矿业权设置区划要求。对于每个勘查开采规划区块，其主体应该保证探矿权和采矿权的投放与该区块的规划矿种相匹配。

5.推进绿色勘查开采

一是开展绿色勘查。引导勘查项目尽量减少使用槽探、硐探等工程方法，并增加航空物探遥感和非常规地球化学勘查技术在定位预测以及综合评估中的应用。二是推进绿色矿山建设。制定省级绿色矿山评价指标，推动全省绿色矿山建设。

6.加强矿区生态保护修复

一是强化矿山企业生态修复责任。对于新建立或正在生产的矿山来说，必须明确如何防止地质环境问题，并确保严格执行矿区的环保政策。二是推进历史遗留矿山生态修复。加快推进历史遗留矿山生态修复工作，形成责任明确、措施得当管理到位的历史遗留矿山生态修复工作体系。

7.加强技术创新

首先，要深度推进重点领域的科技研究。强化基础理论的创新性研究和资源勘探开发技术的创新。其次，需要着力强化技术创新人才的培养。深入改革人才发展的体制机制，加大对科技创新人才的培养力度，并实施知识更新项目和技能提升行动。

（四）《规划》的实施保障措施

《规划》保障措施主要概括为四点内容分别是健全规划实施制度、严格规划审查制度、完善规划评估调整机制、提高规划管理信息化水平。

（五）《规划》的主要特点

1.体现云南特色

云南素有"有色金属王国"和"磷化工大省"之称，是我国矿产种类最齐全的省份之一。《规划》立足于云南矿产资源总量大、矿种齐全、配套程度高的实际，加大页岩气、铝土矿、铜、磷等矿产的找矿力度，为产业发展做好资源保障；推进绿色矿山建设，提高矿产资源开发保护水平，严格管控各类矿产资源开发，促进云南省矿业高质量、绿色发展。

2.体现云南标准

推进矿产资源集约高效利用，严格落实新建、扩建矿山开采规模准入要求，进一步减少全省采矿权数量，提高大中型矿山比例；立足省情，制定省级绿色矿山评价指标，积极推进绿色矿山建设；加强重点流域矿产资源开发管控，健全完善九大高原湖泊保护区内矿业权退出机制，持续推进矿区生态保护修复。

3.体现云南担当

将生态文明建设要求贯穿于规划编制全过程，把生态保护红线作为保障和维护区域生态安全的底线，进一步优化矿业权设置和空间布局；持续深化矿业权管理改革，严格执行矿业权联勘联审和矿山生态环境综合评估制度；统筹部署矿产资源勘查开发，稳定资源供给，全力保障国家能源资源安全。

三、《云南省"十四五"高原特色现代农业发展规划》（以下简称《发展规划》）解读

（一）《发展规划》的编制背景和意义

根据《云南省人民政府办公厅关于做好"十四五"省级重大专项规划编制工作的通知》，《云南省"十四五"高原特色现代农业发展规划》被列为省级一般专项规划，由云南省农业农村厅牵头编制和审定印发。2021年以来，云南省农业农村厅认真学习研究中央和省委关于制定国民经济和社会发展第十四个五年规划的建议、中央和省委农村工作会议精神，结合同时在编制的《云南省"十四五"农业农村现代化发展规划》，组织人员开展了咨询讨论、提纲研究、内容撰写等工作，与国家和省级相关规划进行了衔接。在"十四五"时期，在确保粮食等主要农产品有效供给基础上，以做特"绿色食品牌"为抓手，深入推进农业供给侧结构性改革，加快农业产业转型升级，不断提升农业现代化水平，促进农民收入持续稳定增长。对实现农业高质高效，农民富裕富足具有重要的意义。

（二）《发展规划》的重要内容

《发展规划》从调结构、转方式的角度谋篇布局，共分为九章。第一，规划背景。总结"十三五"全省高原特色农业发展成效，分析发展形势。第二，总体要求。明确发展思想、基本原则，从经济总量、农业基础保障条件、主要农产品供给、农业生产经营水平、绿色发展水平、农民生活水平6个方面提出23项规划主要指标。第三，夯实高原特色现代农业发展基础。包括加强高标准农田建设、大力发展现代种业、强化农业科技创新、提升机械装备水平、加快数字农业发展、健全疫情疫病防控体系6个方面，属于构建农业生产体系，支撑高原特色农业发展的基础工作。第四，深化农业供给侧结构性改革。包括着力优化农业产业结构、加快发展农产品加工业、提升农产品质量安全水平、打造高原特色农产品品牌、推进一二三产业融合发展5个部分，属于建立现代农业产业体系，转变农业发展方式的内容。第五，加快构建现代农业经营体系。包括发展多种形式适度规模经营、培育壮大新型农业经营主体、完善农业社会化服务体系3个方面。第六，扩大农业开放融入新发展格局。包括构建区域性国际农产品交易枢纽、加强国际国内农业科技合

作、加强跨境农业生物安全机制建设、培育农业开放合作主体4个环节，体现云南高原特色现代农业独有特点。第七，推进农业绿色发展。包括强化资源保护与节约利用、加强产地环境保护与治理、养护修复农业生态系统3个方面，把绿色发展作为高原特色现代农业发展的底色和路径。第八，深化农业农村改革。包括巩固和完善农村基本经营制度、深化农村集体产权制度改革、完善和创新农业支持保护政策3个部分。第九，强化组织保障。包括加强组织领导、加强示范创建、加强考核评价3个方面。

（三）《发展规划》中关于资源经济的部署

在第三章"夯实高原特色现代农业发展基础"的第二节中提到，大力发展现代种业。大力发展现代种业，提高种质资源的创新和应用，需要结合云南实际因地制宜开展工作。一是开展农业种质资源调查收集、繁殖更新、鉴定评价、保存保护和创制利用，建设国家农作物种质资源保护与利用分中心。开展水稻、玉米、麦类、马铃薯等主要粮食作物及茶叶、花卉、蔬菜、水果、咖啡、中药材等经济作物绿色品种选育和应用技术研究。二是以企业为主体，联合科研院所，开展农作物和畜禽良种联合攻关。推进元谋县、寻甸县、施甸县、景洪市等国家区域性良种繁育基地和海南南繁基地建设。三是全面推进高标准制种基地建设，加强大田生产、种子收获、加工全流程标准化管理。四是完善种子市场观测点建设，加强种子供需信息的定点监测与信息发布。培育一批育种基础好、创新能力强、市场占有率高的育、繁、推一体化种业企业。五是加强种子执法队伍建设，加强种业市场监督检查。

在第七章"推进农业绿色发展"的第一节中，提到强化资源保护与节约利用。在耕地资源和生物资源保护与利用中进行部署。具体来看，一是建立耕地轮作休耕制度。推动用地与养地相结合，集成推广绿色生产、综合治理的技术模式，对土壤污染严重、区域生态功能退化、可利用水资源匮乏等不宜连续耕作的农田实行轮作休耕。结合高标准农田建设，配套建设耕地质量监测体系，进一步完善耕地质量等级评价工作。配合推进农业水价综合改革，协同推进农业节水工作。突出农艺节水和工程节水措施，推广水肥一体化节水技术，提高农业灌溉水有效利用系数。二是健全生物资源保护与利用体系。开展全省种质资源调查，加强动植物种质资源、原生物种保护利用，加快种质资源库、畜禽水产基因库建设，推进种质资源收集保存、鉴定和利用。加强水产种质资源保护区建设。强化渔业资源管控与养护，逐步实施禁渔区、禁渔期制度，科学有序组织水生生物增殖放流。实施好国家生物多样性保护重大工程，健全生物安全查验机制，有效防范外来生物入侵和物种资源丧失。

（四）《发展规划》如何强化组织保障

首先，加强组织领导。加强党的领导，强化政府的"三农"工作职责，始终把高原特色现代农业发展规划的实施纳入各级党委、政府重要议事日程。加强规划衔接和协调，完善工作推进机制。其次，加强示范创建。注重典型示范引领，立足各地实际，总结发展实践和成功经验，探索创新多元模式，及时总结推广高原特色农业先进经验、先进做法，以点带面、点面结合，推动全省高原特色农业战略健康有序进行。最后，加强考核评价。建立科学全面的高原特色农业统计监测制度和高原特色农业实施进程及成效评价指标体系，开展高原特色农业统计监测，加强规划实施督促检查，适时开展规划中期评估和总结评估。推动各级政府开展对本级高原特色农业现代化建设规划重点目标执行情况的考核，并将其纳入本级涉农部门年度考核内容等。

四、《云南省绿色能源发展"十四五"规划》（以下简称《能源规划》）解读

（一）《能源规划》出台的背景和意义

进入"十四五"，构建现代能源体系是保障国家能源安全的关键举措，是力争如期实现碳达峰、碳中和的内在要求，是推动实现经济社会高质量发展的重要支撑。因此，全面贯彻党的二十大精神，深入贯彻习近平生态文明思想，深入贯彻落实习近平总书记考察云南重要讲话精神，全面落实碳达峰碳中和决策部署，全面落实省第十一次党代会、省委十一届三次全会和2022年省"两会"部署，立足新发展阶段，完整、准确、全面贯彻新发展理念，服务和融入新发展格局，以"四个革命、一个合作"能源安全新战略为遵循，从系统性、全局性谋划云南绿色能源的整体发展，充分利用绿色低碳发展的有利条件，做好"十四五"期间乃至2035年云南能源体系建设的谋篇布局，加快构建以绿色为核心竞争力的现代能源产业体系，推进能源治理体系和治理能力现代化，重塑云南能源新优势，才能更好服务国家战略和支撑全

省经济社会的高质量发展。

（二）《能源规划》主要内容和措施

《能源规划》深入总结了"十三五"能源发展成就及存在问题，系统探讨了"十四五"云南能源发展形势，具体阐明了云南能源实现绿色高质量发展的指导思想、发展目标、重点任务和保障措施。

《能源规划》共分为6个部分。

1.发展基础

这部分在分析云南省能源资源禀赋、能源产业发展现状的基础上，分析云南省能源产业发展取得的主要成就和存在的困难问题。

2.发展形势

这部分在分析国际、国内、省内能源发展格局与形势的基础上，结合云南发展实际情况，提出全省能源行业转型发展迎来供需形势、资源开发和环境容量的3大拐点。同时，对电力、煤炭、石油、天然气消费量与供给情况进行了预测，分析了全省能源供需情况。

3.总体要求

一是指导思想，围绕"碳达峰 碳中和""四个革命、一个合作"①能源安全新战略等部署，全面建设以绿色为核心竞争力的现代能源产业体系，保障绿色能源的安全稳定供给，推进绿色能源的高质量协调消费，促进绿色能源与绿色先进制造深度融合，推进能源产业治理体系和治理能力现代化，深度融入和服务新发展格局，打造绿色能源强省。二是发展原则，提出坚持主动服务和融入国家发展战略，坚持区域发展布局总体要求，坚持服务全省工业化、新型城镇化建设需要，坚持智能化发展方向，坚持打造"绿色能源强省"等"五个坚持"，提出"统筹全省能源供需平衡，统筹协调省内、省外、周边国家三个市场，统筹化解汛期与枯期电力供给的矛盾，统筹处理能源布局与生态环境保护，统筹项目建设和各方权益的关系"等"五个统筹"。三是发展思路，提出了"保供应、调结构、优运行、增动力、建机制、强合作、促融合"的发展思路。四是发展目标，着力打造"一基地三示

---

① "四个革命、一个合作"：推动能源消费革命，抑制不合理能源消费；推动能源供给革命，建立多元供应体系；推动能源技术革命，带动产业升级；推动能源体制革命，打通能源发展快车道；全方位加强国际能源合作，实现开放条件下能源安全。

范一枢纽"①，科学预测了"十四五"能源发展主要目标，并以建成以绿色为核心竞争力的高质量现代能源产业体系为远景发展目标。

4.重点任务

《能源规划》明确了供给、消费、创新、改革、融合、合作、安全等7个方面重点任务。一是绿色优先，多能互补，完善能源供给体系；二是优化结构，节能减排，提高绿色消费效能；三是创新驱动，智能引领，提高技术装备水平；四是深化改革，完善机制，激发能源发展动能；五是统筹谋划，融合发展，推动产业转型升级；六是加强合作，共赢发展，建设国际能源枢纽；七是加强监管，健全体系，保障能源安全生产。

5.保障措施

为推动规划目标和任务贯彻落实，提出加强组织领导、健全责任分工、强化要素保障、加强监督考核、落实政策支持、加大招商引资6条保障措施。

6.环境影响分析与国土空间规划衔接性评价

对实施的环境影响程度进行评估，并与国土空间规划进行了衔接性评价。

（三）《能源规划》如何完善能源供给体系

《能源规划》立足省内实际，充分保障经济社会需求和产业发展，积极壮大清洁能源产业，统筹水、风、光、电综合开发，完善新能源供给消纳体系，持续优化煤炭生产结构，积极扩大非常规天然气资源勘探开发，持续服务"西电东送"战略，确保能源稳定生产可持续供给。聚焦在做足电源、做强电网、开展新型电力系统创建、做优煤炭、做大油气几个方面。第一，做足电源就要持续优先开发水电、优化布局全面有序开发风电光伏新能源、发挥煤电支撑性调节性作用、积极发展其他类型电源，因地制宜发展生物质能、地热能等其他新能源。第二，做强电网，要围绕产业发展布局下功夫，优化电力生产、输电通道建设布局，形成"四横四纵五环三中心"的骨干网架。此外，还要大力提升配网建设和数字化绿色智能电网建设。第三，开展新型电力系统创建，要紧紧围绕四个方面，分别是建设适应新型电力系统的智能调控体系、增强电源协调优化运行能力、加快新型储能技术应用、大力

---

① "一基地三示范一枢纽"：建设国家清洁能源基地、创建新型电力系统先行示范、绿色能源和绿色制造融合发展示范、绿色能源试点示范，打造国际区域性绿色能源枢纽。

提升电力负荷弹性。第四，做优煤炭要加强现代化智能化煤矿建设、集约化绿色化发展。推进煤炭物流基地建设和供应保障机制建设，进一步加强煤层气综合利用。第五，做大油气就要大力提升油气勘探开发力度、完善油气管网、增强油气储备保障。

（四）《能源规划》如何提高绿色消费效能

《能源规划》提到以能源需求牵引生产转型、能源供给引导消费需求升级的动态平衡，注重能源需求侧改革，推进绿色低碳技术研发和推广应用，推动能源消费模式向绿色低碳高效变革，提升能源利用效能。具体来看，第一，合理控制煤炭消费，推进煤炭消费替代和转型升级。第二，加快天然气利用提质增效，要提高天然气在多个领域，多元化的利用效能。第三，推动用能领域节能降碳，有序引导主要领域、重点行业的达峰目标并组织实施，推动能耗"双控"向碳排放总量和强度"双控"转变。第四，提升终端用能低碳化电气化水平，加快推进重点领域电能替代，推动可再生能源与常规能源体系融合。第五，促进能源惠民服务。

（五）《能源规划》如何提高技术装备水平

以创新驱动为引领，以绿色低碳和智慧能源为主攻方向，着力推动能源科技创新和技术进步，发挥信息技术支撑和引领作用，建立研发、应用、产业化紧密结合。第一，推进提升能源技术创新能力，推进水电产业和新能源发电产业发展与技术创新、绿色能源装备产业和清洁载能产业科技创新发展、高比例可再生能源并网与传输技术研究应用等多个领域，围绕能源关键核心技术攻关。第二，推动创新平台建设及发展先进装备，激发市场主体技术创新内在动力，鼓励企业牵头建立能源产业发展创新联合体。第三，推进能源产业数字化智能化升级，建设绿色能源大数据中心，进一步构建科学完善的智慧能源体系等。

（六）《能源规划》如何激发能源发展动能

形成天然气勘探开发竞争机制，继续推进煤炭供给侧结构性改革，提升能源行业治理能力，实现能源治理体系和治理能力现代化。主要聚焦在深化电力体制改革，要融入国家统一电力市场体系，积极参与融入南方区域电力市场建设；创新电力"源网荷储一体化"和多能互补项目规划建设管理机制。推动油气体制改革、加快煤炭市场交易体系建设、加强能源治理体系建设等方面。

（七）《能源规划》如何推动产业转型升级

坚持产业带动，以绿色能源优势支撑绿色先进制造业发展，以绿色先进制造业促进绿色能源发展，推动绿色能源和绿色制造产业链深度融合和高端跃升。着力构建价值链配套合理、上下游衔接有序、加工能力突出、产业集聚度高、绿色制造特征明显的绿色铝精深加工产业链；同步布局精深加工全产业链，打造绿色铝先进制造业集群；支撑打造"光伏之都"，重点支撑补齐电池片环节短板，延伸下游组件产业，完善产业配套，推动光伏产业有序发展；支持战略性新兴产业发展，优化完善储能产业链条，支持氢能产业试点示范，支持探索发展高端硅电子产业；谋划推进石油炼化一体化；推进煤炭综合利用，加强煤炭洗选加工，实现深度提质和分质分级利用延伸煤炭产业循环经济链。

（八）《能源规划》如何建设国际能源枢纽

发挥云南区位优势，主动服务"一带一路"高质量发展，坚持共商共建、合作共赢原则，着力推进能源高水平对外开放合作，打造国际区域性绿色能源枢纽，推动构建能源利益共同体，在以国内大循环为主体、国内国际双循环相互促进的新发展格局。主要围绕加快互联互通建设，以跨境电力联网为重点，推进电、油、气综合输送网络建设，全力打造国际区域性绿色能源枢纽；深化国际产能合作，积极支持省内能源企业"走出去"；打造跨境电力合作交易平台，以企业为主体，深化国际电力合作。

（九）《能源规划》如何保障能源安全生产

统筹好发展和安全，坚持人民至上、生命至上，牢固树立"安全生产重于泰山"的理念，坚守"发展绝不能以牺牲人的生命为代价"的红线。既要提升安全生产水平又要加强安全生产监管，强化和落实生产经营单位主体责任与政府监管责任，建立生产经营单位负责、职工参与、政府监管、行业自律和社会监督的机制。

五、政策总结

　　《2023年推动经济稳进提质政策措施》以有效解决云南省经济短板和主要问题为导向，基于强化市场主体培育，壮大资源经济、口岸经济、园区经济，推进重点产业加快发展，充分释放内需潜力，加快推进新型城镇化、高水平对外开放，持续做好民生保障等方面为主要任务。《稳进提质政策》对云南"三大经济"都提出了明确的部署，聚焦资源经济，主要指出要盘活优势资源提升经济效益，吸引龙头企业实现资源产业化发展，完善资源管理办法保障交易公平和资源有效利用，从而助力资源经济的发展，促进云南省经济体系向好转变。《云南省矿产资源总体规划（2021~2025年）》的出台是管理全省矿产资源保护、勘查、开采的重要依据，以统筹区域矿产资源勘查开发布局为起点，涉及矿产资源有效供给、高效利用、精细管理、绿色勘查开采、矿区生态保护修复和技术创新等方面进行规划指导，推动矿业高质量发展。《云南省"十四五"高原特色现代农业发展规划》聚焦农业高质高效发展，主要内容包含夯实高原特色现代农业发展基础、深化农业供给侧结构性改革、加快构建现代农业经营体系、扩大农业开放融入新发展格局、推进农业绿色发展、深化农业农村改革、强化组织保障等方面，对高原特色现代农业的发展谋篇布局。《云南省绿色能源发展"十四五"规划》基于能源供给、消费、创新、改革、融合、合作、安全等方面为重点任务，促进云南能源实现绿色高质量发展。基于以上政策的出台，为云南省资源经济发展创造有利环境，提供了明确指导方向与策略。

第五章 云南资源经济发展的影响因素分析

本章将结合云南资源经济发展实际情况，聚焦能源、矿产、农业、旅游业、土地等资源，深入分析其发展中的影响因素，以期准确把握优势，促进全省资源经济向好发展。

第一节 能源资源影响因素分析

影响云南资源发展的因素较多，有些因素是发展优势，有些为发展劣势，只有把握好众多中的优势，克服发展劣势，才能促进全省绿色能源蓬勃发展。本节主要针对发展机遇、资源禀赋、政策导向、技术发展等影响能源发展的因素进行阐述。

一、在发展机遇方面

从发展的角度来看，当前全球正朝着可持续能源的发展方向迈进，云南省积极响应习近平总书记关于能源安全新战略和考察云南重要讲话精神，始终致力于推动绿色能源强省计划，打造"绿色能源牌"，持续将自然资源与生态环境的优势转换成提升产业发展和经济发展的优势。过去十年间，云南省以每年平均2.8%的能源消费增速，支撑了年均8.5%的经济增长速度，使得能源产业成为了该省最大的支柱产业。在中国实现碳达峰碳中和的过程中，云南省紧紧抓住这个机会，并将工作融入生态文明建设的总体规划和整个社会经济体系之中，坚持全面绿色转型为引领、重点关注可再生清洁能源的发展，力求探索出一条符合绿色发展要求且高质量的发展路径。由此可见，把握发展机遇是云南绿色能源发展较好较快的重要因素。

二、在资源条件禀赋方面

世界水电在中国，中国水电在西南。云南作为我国水电大省之一，其水电发展具有重要的优势。尤其是一直以来云南在积极布局的"绿色三张牌"，其中包含"绿色能源牌"，云南主动聚焦以水电风电等绿色优势能源，大力推进绿色低碳发展。截至2021年底，全省电力总装机10625万千瓦，占全国电力总装机237692万千瓦的4.47%。全省电力总装机构成为：水电装机7820万千瓦，占比为74%；火电装机1528万千瓦，占比为14%；风电装机881万千瓦，占比为8%；光伏发电装机397万千瓦，占比为4%。云南自然资源禀赋，是绿色能源发展的重要先决条件之一。

三、在政策导向方面

政策导向是云南绿色能源发展的关键因素。政府对绿色能源的支持政策，如财政补贴、税收优惠等，直接影响了绿色能源项目的投资与建设。近年来，云南省政府出台了一系列促进绿色能源发展的政策措施，为绿色能源产业提供了良好的发展环境。同时，政策的稳定性和连续性也对绿色能源产业的长远发展至关重要。

四、在技术发展方面

技术进步对云南绿色能源发展起到了重要的推动作用。风能、太阳能等绿色能源的开发利用，离不开高效、稳定的设备和技术支持。随着科技的进步，风电、光伏等技术的不断成熟和成本降低，使得绿色能源在云南的推广和应用变得更加经济可行。此外，智能电网、储能技术等的发展，也为解决绿色能源发电的随机性、季节性等问题提供了有效手段。

第二节 矿产资源影响因素分析

云南省矿产资源丰富，尤其以有色金属及磷矿著称。矿产资源是国家经济、国防建设、科学技术的基础，其发展受到很多因素影响，本节主要从矿产资源的开发和利用、科技创新与攻关、战略谋划和顶层设计的角度进行阐述。

一、资源开发与利用

矿产资源的开发和利用在为一个地区带来巨大的经济效益的同时，也会在一定程度上产生负面影响，如环境污染和资源浪费。结合云南矿产资源来看，妥善管理和合理使用金沙江、赤水河（云南部分）的矿产资源是关键，必须在确保不会破坏生态环境的前提下开展工作。需要调整矿产资源的开发布局，并加大对于采矿活动的监管力度，同时兼顾流域生态保护和矿业的高效绿色发展，建立起一套合适的开发利用系统来推动整个矿产资源的发展是非常重要的。

二、科技创新与突破

对于矿产资源领域的核心科技难题及其发展态势的深入探讨和突破是必要的，云南省应根据实际情况开展对滇中地区的重大基础地质问题的研究。集中于云南关键且具有竞争力的矿产资源，致力于基础地质、矿床形成原理和找矿方向、资源勘查的技术手段以及资源开发技术的创新等多个方面，推动科技创新助推找矿、开采技术的重大突破，从而大幅提升保有资源量和重要矿产品产量，增强省内、国内矿产资源保障能力和自主可控能力。

三、战略谋划和顶层设计

依据国家出台的《战略性矿产资源产业高质量发展规划纲要

（2020～2035）》，云南省因地制宜对省内矿产资源进行相关部署和规划。一方面，认真研判云南省矿业形势，对关键矿产资源的勘查、开发利用与保护作出合理的安排，不断优化矿业开发布局，加强矿产资源规划，加快推进绿色矿业转型发展，大力推进绿色矿山和绿色矿业发展示范区建设。另一方面，重视发展质量和效益，依托有色金属、稀贵金属等产业优势，夯实资源保障，推进资源集约节约和循环综合利用，发展新型功能材料、先进结构材料和高性能复合材料，延长产业链，推动产业改造升级，加快推动矿产业结构由中低端向中高端迈进。由此可见，全省的战略谋划和顶层设计为未来矿产资源的走势提供指引，是影响矿产资源发展的重要因素。

第三节　农业资源影响因素分析

云南地处低纬高原，具有垂直立体的气候类型，涵盖丰富多样的光热、土壤、生物资源，这使云南成为北半球农业资源最富集的区域之一。除了这些自然因素外，还有其他多元化的因素影响云南农业资源发展。

一、种质资源的发展

云南在打造高原特色农业中，种质资源的发展占据重要角色，它是开展优良品种选育、促进作物科技原始创新的源头，是农业资源经济发展的基础和前提。一直以来，云南省在种质资源保护方面下功夫，实施为期三年的种质资源普查，不断征集新的农作物种质资源，瞄准粳稻、热带血缘玉米、花卉、蔬菜、茶花鸡等品种，全力开展育种创新攻关，多个主要农作物品种通过省级审定。特别是在花卉产业上，自主培育和引进推广新品种，促进云南农业资源更加丰富。正因如此，云南省品种创新能力位居全国第一，努力实现农业种质资源应收尽收、应保尽保，影响着云南省未来农业资源经济的发展。

二、乡土资源的开发

建立地域特色农产品资源目录，开发乡土农业特色产品，持续强化全产业链扶持，广南八宝米、建水酸石榴、香格里拉牦牛、保山透心绿蚕豆、南涧无量山乌骨鸡、怒江老姆登茶等一大批藏在深山中的"土"资源逐步进入大众视野。初步形成涵盖茶叶、花卉、蔬菜、水果、坚果、咖啡、中药材、牛羊及生猪等重点产业的地理标志保护创新工作格局。乡土资源开发合理利用，促进农业资源合理配置，对农业资源经济发展形成推动作用。

三、农业政策发展

云南省设置了专项资金，先后印发系列涉农专项规划、农业现代化三年行动方案、7个产业三年行动方案，出台"茶十条""牛九条""猪九条""咖六条""奶六条"等政策措施，正在制定设施农业、产业基地支持政策，为农业发展提供有力支撑。2022年，云南省级直补经营主体奖补资金7.6亿元。2023年制定了《云南省支持联农带农经营主体奖补办法（试行）》文件。适宜的政策为农业产业提供优良的营商环境，亦为农业资源经济发展提供动能。

四、农业品牌建设

加快云南农业强省的建设，要注重品牌强农工作，自2018年起，云南持续加强"云系""滇牌"农业品牌建设，连续举办五届"10大名品""10强企业""20佳创新企业"评选表彰活动，制定绿色云品品牌目录管理办法和消费指南，持续加强品牌推介。昭通苹果入选国家首批农业品牌精品培育计划，普洱茶、保山小粒咖啡、文山三七、宣威火腿等10个产品入选中欧地理标志协定保护名录，普洱茶荣获中国地理标志农产品品牌声誉评价核心成果及百强榜第一名，"绿色云品·产地云南"认同度美誉度不断提升。云南以农业品牌建设助长云南农产品竞争力，为农业资源经济发展创造机遇。

五、联农带农机制发展

云南围绕发挥龙头企业核心作用、做强农民合作社纽带作用、密切利益联结机制3个关键环节，出台联农带农主体奖补办法，总结推广全省16种利益联结模式和富民增收成功案例，形成政府大力支持和典型示范引路的鲜明导向，全省新型经营主体通过订单生产、土地流转、就业务工、生产托管、股份合作、资产租赁等方式，与有发展产业条件的脱贫户建立稳定利益联结关系。2022年，云南农村常住居民人均可支配收入达15147元、同比增长6.7%，[①]联农带农机制促进农业资源进一步创造出经济价值，助力农民增收致富。

第四节　旅游资源影响因素分析

影响旅游资源发展的因素，主要聚焦在资源多样性程度、交通基础设施建设、顶层设计构建、市场营销和品牌建设这四个方面。

一、资源多样性程度

云南省的地形多样，包括高山、平原、盆地和丘陵等多种地形，这样特殊的地形地貌形成了独特的生态环境，使其拥有丰富多样的自然风光与自然资源，旅游资源非常丰富。云南省还是我国民族比较多样的省份之一，民族文化非常丰富多彩，各民族都拥有其独特的服饰、饮食、音乐、节日等独特的民俗文化，这些特征也吸引了众多游客前来云南省旅游观光。总之，壮丽的雪山、清澈的河流、神秘的古城和丰富的民族文化使云南成为中国最具魅力的旅游目的地之一，它的资源多样性为云南旅游业奠定了物质基础，带动旅游资源经济发展。

二、交通基础设施建设

云南不断改善交通基础设施建设，积极参加中老经济走廊交通合作会议。开通各类的高速公路网，国家铁路"十四五"规划中，云南有大理经丽江至攀枝花铁路、文山至靖西铁路、普洱至临沧铁路、临沧至清水河铁路、

---

① 云南省农业农村厅. 开好局　强信心　促发展——贯彻落实党的二十大精神系列新闻发布会省农业农村厅专场发布会［EB/OL］.（2023-07-14）［2023-08-18］. https://nync.yn.gov.cn/html/2023/xinwenfabu_0714/398800.html?cid=3035.

滇藏铁路、保山至泸水铁路等建设项目。此外，积极推进州市航空平台建设，对丽江、西双版纳等州市机场实施改、扩建，也为广大游客出行提供了非常大的便利。在省内，不断优化滇中城市群，加强既有城市道路网、交通设施系统之间布局的相互协调、高效匹配和有效衔接，加快提升全省城镇交通一体化、精细化水平。云南以交通强省建设为抓手，为旅游业的发展提供保障，为带动全省经济发展奠定基础。

三、顶层设计构建

一方面，为贯彻落实《国务院办公厅关于促进全域旅游发展的指导意见》精神，云南省按照"国际化、高端化、特色化、智慧化"的发展目标，为加快全域旅游发展，把云南建设成为世界一流旅游目的地，出台了《云南省人民政府办公厅关于促进全域旅游发展的实施意见》；为进一步规范旅游市场秩序出台了《加强旅游市场秩序整治若干工作措施》；为了文化、旅游"双强省"的构建还出台了《云南"十四五"文化和旅游发展规划》等。另一方面，云南省委、省政府高度重视旅游行业的发展，把旅游文化业作为万亿级的产业来进行培育和打造，各级部门和企业不断推出旅游新产品，推动云南旅游产业的转型升级。

四、市场营销和品牌建设

通过多渠道、多层次的旅游宣传和推广，提升云南省旅游品牌的知名度和美誉度。例如，利用互联网和移动端的平台，发布有关云南旅游的精美图片、短视频和攻略等，提高品牌曝光率。同时，针对不同客源地市场，制定有针对性的市场营销策略，吸引更多游客到云南旅游，例如，通过制作宣传片、发布云南旅游攻略等方式，向游客展示云南旅游的独特魅力，宣传和推广是促进旅游发展的灵魂，是促进旅游资源经济发展的重要影响因素，是带动全省经济前进的关键一步。

第五节　土地资源影响因素分析

影响土地资源发展的因素，主要聚焦在石漠化治理工作、土地政策措施完善情况、土地保护和利用情况等方面。

一、石漠化治理工作

石漠化指的是一种由水土流失引起的地表土壤丢失，使基岩暴露，土地丧失农业利用价值和生态环境退化的现象。云贵高原上的喀斯特地貌非常普遍，因为地表的水资源稀缺，经常会出现地表水比油更珍贵，地下水却奔腾不止的情况。这主要是因为喀斯特地区的岩溶洞穴与漏斗众多，使得地面水易于渗透至地下，形成地下暗河；同时，该区域的地表植被覆盖率较低，涵养水源也较弱，从而增加了地表水流失的可能性。针对这一问题，云南省林草局高度重视岩溶地区石漠化治理工作，自2008年石漠化综合治理工程启动以来，在云南省发展改革委组织牵头下，通过林业措施开展石漠化治理，据全国第三次、第四次石漠化监测结果，监测期内云南石漠化土地减少63.9万公顷，且石漠化程度减轻。2021年开始，国家不再下达石漠化综合治理专项资金，云南省通过积极向国家争取重要生态系统保护和修复重大工程、中央财政造林补助项目，在石漠化分布县市通过人工造林、封山育林、退化林修复，开展石漠化治理和修复，巩固前期石漠化治理工程成果，统筹推进石漠化防治。2022年，全省完成营造林任务431.56万亩，这些项目的实施，有力地支持了石漠化地区生态治理与修复、减少水土流失、减轻石漠化危害、提高土地综合生产能力，在一定程度改善了山穷、水枯、林衰的问题，缓解了脆弱生态环境对经济发展的制约。

二、土地政策措施完善情况

在林地方面，云南省先后制定印发了《云南省林业和草原局关于贯彻落实〈建设项目使用林地审核审批管理规范〉的通知》及其补充通知，和《云南省林业和草原局关于贯彻执行草原征占用审核审批管理规范的实施意见》等规范性文件，进一步细化建设项目用林用草政策措施，明确具体标准，对此进行严格保护与有效利用。在耕地方面，云南省农业农村厅为进一步提高耕地综合效益，发布了《云南省"十四五"耕地质量提升规划》①文件，使耕地质量提升的政策制度体系更加完善。此外，云南省自然资源厅还起草了《云南省土地管理条例（修订草案）》等。

三、土地保护和利用情况

政府应强化对土地的管理，实施科学的规划和严格的监督，保护并合理利用土地资源。同时，也要推进节约和集约用地的行动，防止非法占用和破坏土地资源的现象，以维护土地所有者和使用者的合法权益。此外，在项目投资时科学测算投资规模和用地规模的对应关系，严格控制建设用地规模和科学划定用地红线，避免"用小批大""用少占多"，减少无效低效用地，创造更多的土地资源价值。

---

① 部门解读｜《云南省"十四五"耕地质量提升规划》解读［EB/OL］.（2022-02-15）［2023-08-18］. https://nync.yn.gov.cn/html/2022/zhengcejiedu-new_0215/383425.html?cid=3808.

第六章 云南资源经济存在的问题及成因

第一节 云南资源经济存在的问题

云南省是我国的资源大省，在充分发挥其得天独厚资源优势的同时，推动资源经济"向绿图强"取得明显成效，全省经济呈现稳中有进、进中提质的向好发展态势。但长期以来，云南省资源布局和产业发展不平衡、不充分的矛盾较为突出，资源开发利用水平和产业化水平不高，资源经济产业链短、价值链偏低，资源型企业发展存在"小散弱"等问题，需予以解决。本章将结合云南资源发展实际情况，聚焦能源、矿产、农业、旅游业、土地等资源，深入剖析其发展中遇到的瓶颈和制约，以期真正将资源优势转化为发展优势。

一、能源发展面临的问题

1.能源供给局部失衡

云南省能源供给季节性和阶段性失衡的问题仍然存在，局部地区某些时段出现用能用电紧张的状况，例如电力短缺问题突出。云南虽然是我国第二的水电大省，水电资源极为丰富，但2022年9月～2023年2月，云南半年内已启动三轮限电限产，其背后藏着电力结构不平衡和电力需求增长强劲等问题。2021年以来，南方地区降水量整体偏少，长江等主要流域来水偏枯，云南水电出力不及预期。云南省主要河流汛期返枯，导致水电出力大幅下降，其中9月份云南省水力发电量同比下降20%。受此影响，云南省分别于2022年

9月10日、9月15日启动两轮限电限产方案，两轮限电分别压减了10%、20%的用电负荷。然而，2023年春季，云南省再次大范围干旱，2月中旬云南省被迫实施第三轮限电措施。云南省实施三轮限电措施，可见云南电力供给存在问题，在水电资源较为丰富的情况下，电力结构以及需求增长所面临的问题仍有待解决。

2.能源发展竞争优势不足

如今世界正在经历前所未有的巨大转变，新的科技创新与工业改革不断深入，应对环境变化并推进能源发展的进程也步入了新的阶段，这使得技术的竞争变得更为显著。目前及未来的省际能源竞争会愈发激烈，各区域间的竞争与协作已经成为一种常规状态。就新能源发展而言，为了实现清洁能源比例的目标和可持续能源的发展任务，各个省份之间在未来发展核电、太阳能、风能等方面的竞争将会日趋激烈。一方面，随着各种投资者加入能源行业，形成公平竞争的环境，但由于云南省本土能源企业的总体实力相对较弱，其在能源市场的竞争力有限，因此这些企业跨境跨省区能源开发投资面临挑战。[①]另一方面，尽管云南在一些能源细分产业的许多部分还存在技术的"瓶颈"，但在电力设施的安全保障、智能化电网、高性能核电、智慧矿山、煤炭清洁使用以及新能源的核心技术研究等重要领域仍然存在薄弱环节，同时在氢能产业链的关键技术和设备、天然气的开采和加工等方向也需要加大技术攻坚力度，以弥补技术上的差距。

3.能源消费结构还需升级

能源消费结构亟待优化，消费低碳转型进程缓慢。云南仍然处于工业化的初、中期，产业结构偏重，重点耗能行业能耗占全社会能源消费总量比重与工业增加值贡献率不对等，省内高耗能行业主要能耗水平、用电比重、万元产值能耗、万元产值电耗等指标较全国平均水平尚有不小差距，其中2021年云南全省万元国内生产总值能耗为0.49吨标准煤/万元，高全国万元产值能耗7.87%，万元产值电耗为786.12千瓦·时/万元，高于全国万元产值电耗8.68%。能源消费总量和强度"双控"压力大，能源消费总量需求旺盛，强度下降压力大。

---

① 杨玺，张明宇，黄孟阳等．云南能源现状问题分析及改革发展对策［J］．能源与节能，2018（12）：7-8+163.

二、矿产发展面临的问题

1.后备资源保障能力不足

随着省内外经济不断发展，对矿产资源的需求量不断增大，如铁、铜、锡和铝土矿等一些重要矿产的寻找困难也日益加剧，导致某些矿产资源的储备及采集比率逐渐减少，供给短缺问题凸显，保证年限缩短；云南红河州个旧市，锡矿储量占全国锡储量的1/3，已经开采了60多年，但目前锡矿主产区正面临资源枯竭、锡矿品位下降等问题。

2.开发利用水平有待提升

云南省资源规模开发与集约程度不高，矿山基数大，2022年，大中型矿山比例由"十二五"时期的不足4.0%提高到了12.0%，[①]全国2020年大中型矿山数量占比突破20%，[②]因此云南该水平虽然有所提升但仍然低于全国平均水平，需加快脚步。

3.绿色发展步伐仍需加快

矿产业发展对环境造成的影响贯穿于整个流程：自初始探索至最终的产品使用过程均可能出现一定程度上的环境问题。采矿进行爆破和使用机械动力设备等都给周围带来巨大的噪声污染，影响附近居民的正常生活，甚至打破自然的和谐状态；地下采矿活动可能会引来地质结构的不稳定，造成地面塌陷，排放有害矿井水及固体废弃物污染土地，还有可能造成泥石流和滑坡等危害；选矿厂等普遍存在"三废"问题，冶炼厂废气、废水和废渣的处理排放仍然有很多改进的空间。矿业开发与生态环境保护关系仍需进一步协调，这些都需要继续努力寻找解决更优方案使其达到一种平衡的状态。

4.资源管理水平需进一步提高

资源约束性趋紧等难题有待破解，矿产资源管理改革配套政策需进一步

---

① 云南经济新闻.云南省82种矿产资源储量居全国前十位[EB/OL].（2022-09-24）[2023-08-18]. https://www.163.com/dy/article/HI290U4Q05505AV7.html.

② 人民网.自然资源部晒出我国矿产资源"家底" 矿业绿色发展取得新进展[EB/OL].（2021-12-24）[2023-08-18]. http://finance.people.com.cn/n1/2021/1203/c1004-32299007.html.

适应环境保护和矿业高质量绿色发展的要求。①

5.科技创新能力不足

矿产资源重大关键课题的研究有待加强。矿产资源勘查开采技术、复杂难选冶矿石选矿及资源循环利用等技术需要加大攻关力度，实现科技的进一步突破。

三、农业发展面临的问题

1.农业生产用水较为紧张

云南虽高原湖泊数量众多，但喀斯特地貌分布广泛，土壤保水能力差，有着较典型的季节性干旱特性，可有效利用的水资源极其匮乏，这种特殊性导致农业生产面临较多有关"水"的问题。云南省属于典型的季节性干旱区，特色经济作物耗水量较大，但需水关键期与降雨期严重错位，加之工业和城镇生活用水挤占农业用水，导致农业生产用水供给不足。

2.农产品流通环节薄弱

一方面，云南一些地区进行农产品线下交易时，农产品专业市场数量较少，大宗农产品线下交易大多集中到省外大型市场进行，一定程度上造成产品利润、批发业、仓储物流、人流、信息流、资金流等要素流失。另一方面，线上交易中，电商公共服务中心运营能力弱，有效统筹产品、品牌、培训、物流等资源能力不强，盈利模式单一，自我造血功能不足。此外，冷链物流未成体系，冷链物流企业供应链一体化运营水平和服务能力不强，导致农产品流通受限。

3.农业产业链条短，精深加工不足

到2023年6月，云南农产品加工转化率只有39.5%，低于全国平均水平。产品主要以单一原料和初级产品为主，精深加工技术水平低已成为云南省农业产业化进一步发展的重要瓶颈。

4.农业科技化水平低

农业科技创新以及科技创新成果转化成为农业强省的关键环节。目前，云南省内存在农业科技含量低，农产品的内在质量、包装、卫生水平等质量

---

① 云南省自然资源厅．云南省矿产资源总体规划（2021—2025年［EB/OL］．（2022-10-20）［2023-08-18］．https://www.yn.gov.cn/ztgg/ynghgkzl/sjqtgh/zxgh/202211/t20221122_250303.html.

标准与省外和国外同类产品相比存在差距，农业科技转化成果不足。

5.农村劳动力数量和质量不足

云南一些农村存在"人少地多"现象，村民种田效益低，青壮年劳动力基本外出打工，新兴专业人才和创新创业人才短缺，农村普通劳动力缺乏，极大制约了农村发展。

6.农业面源污染严重

一方面，农业废弃物问题严重。这些废弃物来自农业生产、农产品加工制造及家禽饲养，其种类单一分散，并且缺乏大范围有效的处理技术，因此存在大量的浪费。此外，燃烧废弃物所导致的环境污染不可忽视。另一方面，由于农业精细化的程度较低以及过高的农药和化肥的使用率，使得农业源头污染变得更加严重。

四、旅游业发展面临的问题

1.旅游资源粗放式开发现象仍然存在

云南旅游资源优势明显，但总体仍处于粗放式发展阶段，旅游发展还没有完全跳出传统资源开发和运作模式，重建设、轻管理，重硬件、轻软件，重规模、轻品质，重开发、轻保护等突出问题在旅游业建设发展中普遍存在。特色旅游商品种类偏少、档次偏低，观光旅游产品占主导的格局还未发生根本性转变，不足以满足旅游产品精细化、个性化、高端化的市场需求，导致转型升级步伐缓慢，旅游综合效益不高。

2.区域旅游经济发展差距明显

结合云南各州市旅游人次和旅游收入来看，以昆明为核心的滇中圈、以大理丽江为代表的滇西南、以西双版纳为主的滇南圈，成为境内外游客主要旅游的目的地。而以红河为代表的滇东北、以腾冲为代表的滇西地区旅游发展相对滇中、滇西北、滇西南等地略显不足。

3.旅游市场管理机制不完善

旅游市场仍需构建全面且协同的管理体系，实施联合监督管理机制仍需加强，对于行业的监管力量还不够强大，缺乏有效的协调方式来确保监察工作得以开展，监管手段也缺乏创新。一方面，对旅游机构管理不完善，旅客权益被侵犯的情况时常出现，同时游客和导游之间冲突不断，扰乱旅游市场秩序、非法经营行为及旅游安全问题等时有发生，因规范管理不力，导致旅游业不健康发展趋势严重。例如，旅行社竞争十分惨烈，为了争夺客源采取低团费，扰乱市场，以顾客买珠宝、玉镯等旅游产品的高回扣、高佣金获利，导致旅游质量低下，游客与导游频频发生冲突。另一方面，景区等相关法律法规宣传和执行不到位，导致风景名胜区内的不健康、不文明活动等时有发生。

4.科技应用水平有待提升

一是科技应用场景不完善，全省以"一部手机游云南"平台为依托，在公共服务、景区导览、旅游厕所、智慧停车场等方面科技应用水平较高，而在文物保护、非遗传承、文博建设、文旅产品打造等方面科技应用较为薄弱；二是全省科技运用动能转化速度慢，新动能发展不充分，高科技文旅产品较少的问题也较为明显。

5.市场主体培育有待加强

云南省缺乏旗帜性标杆性的行业引领者，实力强劲的云南本土旅游文化企业少而散，带动效应有限。

6.产业融合程度不深

虽然全省推进农业、工业、商业、教育、体育、交通、康养等和旅游融合发展，但是融合成效仍有待提升。

五、土地发展面临的问题

1.污染源头预防压力较大

云南省部分地区土壤重金属污染问题突出，对影响土壤环境质量的输入输出的因素缺乏长期观测。对于耕地镉等重金属污染问题突出的地区源头追溯行动不足。

2.土地环境监管能力依然薄弱

土壤环境监测网不完善，土壤环境监测点位还需要不断优化和调整，农产品产地土壤和农产品协同监测较为薄弱，地面监测和卫星遥感结合的"天地一体化网络"建设需要提升。

3.受污染耕地安全利用水平有待巩固提升

针对被污染的土地实行精确安全应用技术的水平还不够高，而关于农用土地的安全处理和恢复技术模式也还未完全成熟。安全利用和严格管控成效还需要巩固。

4.全省耕地质量总体不高

耕地分布过于分散且多为陡峭的地形，中高坡度耕地比重过大。农田灌溉设施相对较差，投资建设的成本费用较大，而且优质的耕地资源非常稀缺，高等级耕地（一至三等地）面积仅占全省耕地的1/5，低于全国耕地平均水平的11%。

第二节　问题成因

一、能源发展问题的成因

1.能源供给局部失衡

具体从限电限产来看，首先，火电基础调节能力不足。截至2023年3月底，云南省电力装机容量达11509.4万千瓦，其中水电、火电、新能源装机规模分别为8193.9万千瓦、1535.1万千瓦、1780.7万千瓦，占电力装机的比重分别为71.19%、13.34%、15.47%。云南省水电装机比重较大，火电比重偏少，基本上是水电"一条腿走路"，潜在风险较大。一旦水电供应紧张，火电很难承担调节主力的职责，在供需结构失衡的情况下，云南省只能压降工业用电大户的电量。因此，在面临降水量整体偏少，主要河流汛期返枯的情况下，云南水电出力不及预期，水电出力大幅下降。其次，云南省承接外省高耗能产业，短期内电力市场需求旺盛。从需求层面来看，云南省电力需求市场变化，尤其是云南省工业结构变化带来的电力需求大增，是本轮云南省针对性限电的重要原因。理论上讲，凭借丰富的水电资源和装机容量，云南省电力市场出现供不应求的概率较低，近两年云南省来水偏枯，水电供给能力下降，煤电调节能力较低，电解铝等高耗能产业规模逐步扩大，云南省电力供需再次失衡。最后，即使云南自身电力紧缺，云南仍需执行"西电东送"协议。云南是"西电东送"大省，在自身缺电情况下，仍需执行省间框架协议输送电量，短期加剧了云南省电力供需矛盾。"十三五"期间，随着滇西北直流、永富直流、禄高肇直流、金中直流、坤流直流有序投产，云南省成功搭建"十直两交"外送通道，外送通道能力提升至4220万千瓦，占据"西电东送"一半以上的输电量。根据《"十四五"云电送粤框架协议》

《"十四五"云电送桂框架协议》,"十四五"期间,云南将每年向广东、广西送电1452亿千瓦时。2022年,云南省"西电东送"电量1436.8亿千瓦时,占云南发电量的38%,在自身电量紧缺的情况下,保障了"西电东送"用电大省广东电力供应稳定。综上来看,云南省限电的背后隐藏着电力结构不平衡和电力需求增长强劲等问题,火电基础调节能力不足;高耗能项目引进,用电需求大幅增加;"西电东送"协议送电量较高等均令云南电力不平衡问题突出。

2.能源发展竞争优势不足

其一,云南省大部分能源规划要依托于能源央企,地方上的能源开采所产生的诸多问题往往无法妥善处理。电力方面着力于发电端和电网端,对于如何构建以电力消耗为主体的云电应用配网投资计划以及新能源汽车与充电站等承载能量的相关产业发展并未按预期实现。此外,尽管政府提出了"气化云南"的目标,但在一些较为落后的地区,天然气的开发利用仍然面临困难。而中央企业的发展战略可能并不完全符合当地的需求,导致省级能源公司在整个能源规划中的关键角色没有被充分体现出来,从而使得各州市的能源发展战略实施陷入困境。

其二,因为地理位置偏僻,早期资源分布不均,且缺乏必要研发条件,所以核心技术的研发工作进展缓慢,相关的基础设施也相当落后;同时,大量基础元器件依赖进口,在技术创新和研发能力方面仍存在一定差距,这些都反映出该地在科技创新方面的短板;此外,技术攻关,不仅要解决"有无"问题,而且要在攻克技术的基础上实现市场应用,需要技术迭代和新产品开发。在材料价格上涨的情况下,建设周期较长的领域生产成本影响显著,加之经营成本费用增加,制约了科技创新和产业发展。①

其三,人才短缺也是影响云南能源发展竞争优势的原因。新能源产业是一个高新技术产业,需要大量的高素质人才支持。然而,目前云南在能源领域的人才储备和培养方面还存在不足,难以满足产业发展的需求。

其四,缺乏有效的市场机制和竞争环境,导致能源产业的发展活力和创新动力不足。

3.能源消费结构还需升级

云南作为资源丰富的地区,其能源产业在经济发展中占据重要地位。然

---

① 梁鹏.我国绿色低碳能源技术发展存在的问题和建议[J].科技中国,2023(05):76-78.

而，当前云南的能源消费结构仍存在一些问题，主要原因包括重点耗能行业能耗占比高。这些行业在能源消费中占据主导地位，其能耗水平直接决定了整个能源消费结构的效率和质量。同时，云南能源综合利用效率相对较低，形式较为粗放。许多企业在能源利用上缺乏精细化的管理，导致能源浪费现象较为严重。这不仅增加了企业的运营成本，也制约了能源产业的可持续发展。此外，云南的能源产业链相对较短，附加值不高。目前，云南的能源产业主要集中在能源开采和初加工阶段，缺乏深加工和高附加值产品的开发。这使得云南在能源产业链中处于低端位置，资源优势未能充分转化为产业优势和发展优势。最后，煤炭消费减量替代不足也是云南能源发展面临的挑战之一。作为传统能源，煤炭消费量的减少对于降低碳排放、提高环境质量具有重要意义。然而，目前云南在煤炭消费减量替代方面仍存在不足，消费转型有待加强。

二、矿产发展问题的成因

1.矿产资源保障能力下降

一方面，伴随着新型城镇化、工业化进程的加快，部分矿产资源产量增长速度低于消费增长速度，供需矛盾进一步凸显。另一方面，部分矿产资源随着开发场地减少，每个场地的资源也在减少。即使开发场地较为充足也面临着矿石质量差，贫矿多、富矿少等问题。

2.开发利用水平不高

一方面，"小、散、乱"的问题依然普遍存在于云南省的矿产资源勘查开发中，这是由历史背景和其他相关因素所导致的。虽然经过了2005年和2009年的大规模矿产资源整治与整合活动，但是这种状况并没有得到彻底改善，部分地区的非法采矿情况依旧存在。另一方面，云南拥有丰富的矿产资源，然而这些资源的可利用度却受到多种限制，如矿产种类繁杂且矿石类型多样化。同时，技术的滞后性和高昂的生产成本也使得这一领域的开发利用率降低。

3.推进绿色发展的进程缓慢

矿产资源管理制度机制不健全，究其成因是现有的法规体系并不能满足当下需求，政策规定在多方面不适应实际工作的需要，因此急需对其进行优化以更好地引导矿产资源的管理方式践行生态文明理念向着保护环境方向转变。另外，在矿产资源的开发管理过程当中，市场的调节作用并未充分发挥出来，而制度的硬性要求也不够明确，法律和政策的实施力度也有待加强。特别是在矿产资源开发领域，寻租问题较为突出，对环境造成了严重的破坏。

4.科技创新能力不足

省内矿产资源综合利用的科研力量较为薄弱，研发深度和广度不够，矿产资源前沿技术攻关缺乏设备、科研人员和资金等有力支持。

三、农业发展问题的成因

1.农业生产用水较为紧张

由于云南省地表形态复杂，山地占84%，高原占10%，盆地占6%，使得水资源空间分布极不均衡。滇中、滇东北及滇东地区耕地多而集中，耕地面积占全省的55.3%，而水量只占全省的28.5%。70%以上的多水带处于经济落后的滇西、滇南地区。由于全省的坡耕地占据了总耕地面积的65%，且地势高低不平，因此在干旱季节，能被有效利用的水资源极度稀缺，加上云南喀斯特地貌的广泛分布，使得土壤的储蓄水源能力相对较弱。另外，随着全省经济作物种植面积年复一年的扩大，其复种指数也相对较高，这远超过了水资源的承载能力。从时间分布看，云南高原平均降雨量偏少且湿季干季变率超过3倍，随着全球气候变暖趋势的影响，加剧了云南高原旱涝灾害的发生。另外，传统的大规模灌溉方式对农业用水产生了巨大影响，农民们缺乏节约用水的意识，导致水资源被过度消耗，使得农业用水效率极其低下。再者，在集中降雨期间，难以有效地收集水资源，这不仅引发了土壤流失问题，还加剧了农田面源污染的情况。

2.农产品流通环节薄弱

线下交易，主要是因为云南农产品企业以市场需求引导生产加工的意识不强，流通和贸易环节缺乏较强的专业性，对市场需求的品类、标准等信息反应滞后，缺乏品牌经营和市场开拓能力。部分企业来滇建纯农产品基地，带动云南企业参与供应链和流通环节的功能作用不明显。大型农批市场和专业市场数量较少，没有年交易额超过百亿的农批市场和专业市场，因此大宗农产品线下交易大多集中到省外大型市场进行，造成要素流失。

线上交易，电商方面，农产品鲜活性、季节性、区域性、分散性等特点突出，难以满足电商供应链对分拣、包装、冷链、配送的标准要求，农产品电商化存在薄弱环节。农村电商人才匮乏，扎根农村的电商人才难找、难留，企业熟悉电商运营服务、经营管理、战略规划的高层次人才少。本土电商企业规模小、信用等级低、资产抵押实力不足，融资难、融资贵问题突出。冷链物流方面，云南生鲜农产品产地预冷、保鲜、冷藏及产后商品化处理设施投入不足，专业化、标准化、智能化冷链设施设备使用率不高，"板车+棉被""泡沫+冰块"等传统低效的运输方式仍较为普遍，冷链"断链"隐患突出；冷链物流企业供应链一体化运营水平和服务能力不强，物流服务网络不完善。

3.农业产业链条短，精深加工不足

云南现有的农业产业化龙头企业大部分是处于发展阶段的小型企业，产业发展基础好、带动辐射面广和竞争力强的加工企业数量少，并且这些公司的主营业务主要是初级农产品生产，所产生的商品价值较低，且高质量、技术密集型的深度加工产品相对较少。发达国家的农产品加工率一般在90%以上，农产品加工业产值与农业产值的比重为3:1～4:1，而云南省的农产品加工转换率不到40%，其中二次以上的深加工只占到20%，农产品加工业产值与农业产值的比重为0.8:1。由于大型农业公司的规模偏小，无法有效地推动品牌的建立，并且在现代化管理的实践中也存在着显著的管理水平差距。

4.农业科技化水平低

一是农业科研资金投入不足、结构不合理、投入效率较低，科研经费较为紧缺。农业科技投入重点仍集中在种养殖业中间环节，而在培育"良种"和后端加工环节的投入不足，良种对外依存度高，生物多样性资源优势未能充分发挥。投入效率较低，农业科技投入仍存在"撒胡椒面""瞄准性差"等现象，造成重复浪费和效率低下。二是农业科技创新研发实力不强。农业科研目前主要仍依托各类院校和科研院所开展。高端研发机构和具有科研原创能力的农业企业较少、创新平台较少，力量分散，难以满足创新发展需要。三是农业科技创新成果转化率偏低。科研选题与生产需求脱节，造成农业科技成果偏离市场需求。高校、研究院所"重研发、轻转化""重论文、轻专利""重单项、轻配套"等现象仍然存在，使得不少农业科技创新成果停留在实验室，缺少技术推广部门，造成成果无法快速推广。四是农业科技人才支撑乏力。基层农业科技人员分布不平衡，老龄化现象较为突出，人才引进不足，队伍出现断层，其中突出表现是与时代脱节，农民因不健全的体

系、落后的农业基础设施等，不能很好掌握现有科技，缺乏科技载体，难以抵御自然灾害等。[1]此外，科技成果转化人才的激励和培养机制也需要进一步完善。

5.农村劳动力数量和质量不足

一方面，人才引进难，社会经济发展非常不平衡，城乡差距特别大。巨大的差异直接影响居民的生活水平和幸福指数，间接导致劳动力流动不均。农村很难吸引到教师、医学专家、农业技术专家等高素质人才。另一方面，人才留住难，在兼职收入明显高于农村务农收益的情况下，家中的青壮年劳动力基本外出打工补贴家用，农村劳动力不断向城镇转移，经济相对落后地区农村缺乏年轻而强壮的劳动力，农村劳动力呈现老龄化。

6.农业面源污染严重

一方面，农业面源污染过程更复杂，更难以控制。农业面源污染主要指沉积物、农药、废料以及致病菌等分散污染源引起的对水、湖泊、河岸，以及大气等生态系统的污染。与点源污染相比，面源污染范围广，不确定性大，成分、过程更加复杂且难以控制。另一方面，环境保护意识淡薄。大多数农村居民对于农业生态环境保护的认识仍然较为模糊，许多人更倾向于"重量"而非"重质"的农业投入方式，导致过度使用农药和化肥的情况仍旧频繁发生；此外，很多村民为了方便，会把农作物的废料（如秸秆、菜叶）及农药瓶子直接扔到田野边、路边或小溪旁，这些垃圾经过雨水的冲刷后最终汇入了某些湖泊，从而进一步加重了农业源头污染和自然资源的损耗问题。

四、旅游业发展问题的成因

1.旅游资源粗放式开发现象仍然存在

在启动旅游景点建设之前的评估和计划阶段，往往缺乏深入的调研和充分的科学验证。特别是在新的旅游景点的创建过程中，开发商往往过于急切追求短期利益，而忽视了必要的分析和整体策划。同时，旅游景区对可持续性发展重视不足。对于旅游景点的可持续发展，很多地方并未给予足够的关注。部分景区为了招揽顾客，忽略了管理的细节，导致过度的商品包装和环

---

①　张文州，农业高质量发展研究［M］，北京：经济管理出版社，2020.

境破坏；也有一些景区为了获取最大的经济收益，无视游客数量的管理，这种以粗犷方式、超过承载力的经营策略给景区的环境带来了严重的影响。其次，各地区旅游业的发展受制于开发现状、自然资源、地理位置、基础设备和服务设施等多种客观条件的影响，各地的旅游产业的发展呈现出不同步、差异大的特征。

2.区域旅游经济发展差距明显

受制于开发现状、自然资源、地理位置、基础设备和服务设施等多种客观条件，各地的旅游产业发展呈现出不同步、差异大的特征。空间发展不对等、旅游业态不丰富、旅游要素发展不均衡等原因也使云南区域旅游经济发展差距明显。

3.旅游市场监管机制不完善

一是缺乏旅游监管专业人才对规划创新机制不断探究，导致没有形成统一完善的市场规范。二是规范的制定需要统筹考虑多方利益，完善以及贯彻实施是一个长期过程。三是旅游行政执法相关部门宣传力度不到位，执法人员认识不够。

4.科技应用水平不高

现有的科技化应用大部分集中在景区相关基础设施上，而在加强文物保护利用，更好发挥文物资源"以史育人、以文化人"等方面科技应用范围还不够广，加强文物科技创新意识较为薄弱。此外，全省科技运用动能转化速度慢，主要是行业新技术创新能力不足，旅游技术重点实验室和技术创新中心不完善。

5.市场主体培育有待加强

云南省内以旅游文化新业态、新产品为主要经营范围的旅游文化企业数量偏少，旅游文化产业市场主体的供给与市场需求极不匹配，对于乡村旅游、生态旅游关注不够。这样既不利于形成示范效应，也不利于多种资本、要素的空间集聚，很大程度上制约了云南旅游文化产业市场规模和创造力的发挥，导致其旅游企业发展较为薄弱。

6.产业融合程度不深

全省相当部分文化产品带动的旅游动力和能力不足，文旅融合呈现出简单化、表面化现象，文化性与娱乐性协调问题没有得到妥善解决。部分文旅融合项目噱头大于实质的现象依旧突出。此外，还存在资本金融支撑不力的问题。目前，全省旅游文化产业市场资本投入方式相对单一，主要以金融方式为主，招商引资能力偏弱；政策对资本、金融的保障和激励作用有限，对人才、技术等方面的投入缺乏针对性的吸引和激励举措，各个要素支撑不足给产业深度融合带来了一定限制。

五、土地发展问题的成因

1.污染源头预防压力较大

首先，涉及有色金属采选冶炼等历史遗留行业，存在大量广泛分布的重金属固体废弃物堆放点，尚未得到全面整治，导致土壤重金属污染严重。其次，涉重金属行业企业数量较多，废气、废水中镉等重金属含量巨大，部分企业污染防治设施落后，无组织排放、有毒有害物质泄漏等问题存在，导致土壤和地下水污染的风险仍然存在，污染隐患排查、自行监测等法定责任未能有效履行。最后，部分地区由于大气重金属沉降以及污水灌溉等因素导致土壤重金属持续积累，污染源周边地下水特征污染物超标的事件时有发生，污染风险未得到有效控制，土壤污染的源头迫切需要得到整治。

2.土地环境监管能力依然薄弱

首先，土壤环境监管人员和设备不足，监测和执法能力不足，很难满足监管需求。其次，一些地方政府和相关部门对土壤环境保护的重视程度不够，责任落实不力，部门间缺乏良好的联动监管和信息共享机制，土壤监管等相关技术研发仍不充分。诸多现象表明，土地环境监管能力仍有待加强。

3.受污染耕地安全利用水平有待巩固提升

土壤重金属污染区域性强、背景值高、污染成因复杂，目前全世界尚无较成熟、可复制、易推广的技术处理模式，受污染耕地的安全利用的成本高、难度大，且即使实施了相关技术措施仍存在达不到预期目标的可能性。

4.全省耕地质量总体不高

云南省的耕地和可用于整理开发的宜农土地后备资源的数量不多，分布在普洱、临沧、红河、文山等山地区域，以水稻土、红壤及赤红壤为主，基础地力相对较差，农田基础设施缺乏，部分耕地存在酸化、瘠薄等障碍因素。

第七章　云南资源经济的发展对策

依据上一章所述能源、矿产、农业、旅游业、土地等资源面临的困境，结合云南实际，因地制宜，以问题为导向，破解其资源经济的发展难题，为推动全省经济实现质的有效提升和量的合理增长奠定理论基础。

第一节　能源资源发展方面

一、加大力度优化能源供给

（一）优化全省电力结构

一是发挥煤电支撑性、调节性作用。目前，云南省火电基础保障和灵活调节能力不足，云南省煤炭资源丰富，具有发展火电的资源基础，可以有效破解电力结构单一等问题。为了满足云南省电力供应与减少污染排放的需求，应按照发展的需求适当建立高效的燃煤发电设施，确保系统的安全稳定的运作有必要的充足空间。加快推进煤电由主体性电源向提供可靠容量、调峰调频等辅助服务的保障性和系统调节性电源转型，充分发挥现有煤电机组紧急调度的能力，并逐步实施支持型和调节型电源的发展计划。二是提高火电装机比例。争取新增煤电装机指标支持，加快释放煤矿产能，增加火电装机容量，提高火电装机比例。三是建立多元能源供给体系。可以适当提高新能源装机激励，统筹引导发展规模和布局，积极推动新能源电力建设，加快布局"风光水火储"多能互补基地。

（二）加快电力市场改革

搭建火电成本疏导机制和容量补偿机制，以市场变化推动需求侧管理。云南省是我国电力市场改革的"先锋军"，2014年，云南省成立了昆明电力交易中心，探索电力市场交易机制，电力市场化交易量大幅增加。但云南电力市场交易主要以水电为主，火电并未大量入市，火电原料成本压力较大，电厂普遍亏损严重。因此要推动火电全部入市，搭建火电成本疏导机制，提高燃煤基准价上浮比例，增加火电容量补偿，扩大火电盈利空间，改善火电生存环境。同时，可以加强电力需求侧管理，发挥市场调节作用，引导用户错峰用电，尤其是非连续性用电终端用户，可以重新规划用电时段和耗能需求。

（三）加强省间电力互济合作，在更大范围内优化电力资源配置

目前，各省电力市场壁垒较深，"电力过剩""电力紧缺"同时发生，因此要逐步加快各省电力市场运行机制的耦合，提高全国电力市场资源优化配置水平。同时，云南省应与煤电充足的省份加强电力互济，保障枯水期云南省电力供应安全稳定。此外，应当发挥特高压线路双向互济的作用，解决当前"西电东送"单向输电问题，使电力送受双方可以反向输电。

二、补齐短板提高竞争优势

（一）优化能源规划顶层设计，健全能源供应保障和储备应急系统

统筹能源供应安全保障，综合考虑并平衡好适应经济社会发展以及不同极端环境的能源供应保障能力，优化能源储备设施布局，完善煤电油气供应保障协调机制。快速形成政府储备、企业社会责任储备和生产经营库存相互结合、互为补充，实物、产能和其他储备方式相结合的石油储备体系。完善和优化煤炭产品、产能储备和应急储备制度，优化应急调峰产能、可调节库存和重点电厂煤炭储备机制，建立以企业为主体、市场化运作的煤炭应急储备体系。建立健全地方政府、供气企业、管输企业、城镇燃气企业各负其责的多层次天然气储气调峰和应急体系。制定煤制油气技术储备支持政策。加强各能源品种之间、产业链上下游之间的协调发展，提高整体能源供应安全保障水平，加强能源规划和部署，严格实施监测评估，健全规划动态调整机制。

（二）加强云南省所属企业的地位，并突出其关键作用

重点加快打造云南省所属能源领军企业，使其成为优化云南省能源资本布局和进行市场化运作的专业平台，更好地发挥国有资本的带动作用，推动能源产业经济结构的优化调整。特别是云南省政府批准成立的云南省电力投资有限公司、云南省配售电有限公司、云南省天然气有限公司、云南省能源研究院有限公司四个省级平台作为云南省能源产业规划实施主体，在清洁能源基地、境内外电力调配枢纽、天然气开发利用、能源产业发展智力支持等领域充分发挥好骨干作用。同时，依托省属能源龙头企业，特别是以"省字号"平台为抓手，构建西南境内外电力调配枢纽，促进水电资源区域间优化配置。

（三）抓牢能源技术创新，夯实能源发展根基

1.加强全省能源电力体系创新

促进云南省数字技术与能源体系融合发展。聚焦于工业互联网、物联网、网络安全等关键领域，着力推动新一代能源基础设施的改建、更新。加速云南全省电力行业的智慧发电厂建立，打造自动化、信息化、数字化的发电场，强化智慧的安全管理系统，并且主要致力于智能决策支持、智能优化调控、智能设备诊断检测等流程的管理。与此同时，提高电网系统中多种主体灵活接入的兼容性，增强无人工值守、故障识别等能源生产制造运营技术的电子化智能化水平的连续提升。另外，统筹协调大型复合能源基地组合使用非化石能源和化石能源，迅速推广风力、太阳能、水源、燃料等多种能量相互补充的系统结构。

2.聚焦绿色能源核心技术的布局和突破

其一，建立清洁低碳能源重大科技协同创新体系。发挥能源领域实验室功能，以科技手段为引领、以市场为导向，把企业视为主体，打造产学研用深度融合的能源技术创新体系，加快突破一批清洁低碳能源关键技术。支持行业龙头企业与高等院校、科研院所联合起来共建云南省能源领域研发平台，推进各类科技力量资源整合，进而实现共享和优化配置。围绕能源领域相关基础零部件及基础材料和基础工艺等关键技术开展攻关，开展能源重大科技协同创新研究。其二，建立清洁低碳能源产业链供应链协同创新机制。依托大型新能源基地等重大能源工程，推进上下游企业协同开展先进技术装备研发、制造和应用，通过工程化集成应用形成先进技术及产业化能力。推

动能源电子产业高质量发展，促进信息技术及产品与清洁低碳能源融合创新，加快智能光伏创新升级。依托现有基础完善清洁低碳能源技术创新服务平台，推动研发、计量、检测、知识产权服务等科技服务业与清洁低碳能源产业链深度融合。同时，也应创建一套有效的清洁低碳能源技术成果评估、转换和推广体系。其三，完善能源绿色低碳转型科技创新激励政策。尝试用市场化的手段去吸引社会投资，以此来资助那些需要大量资金且研究困难的大型战略性清洁低碳能源技术的研究和试验项目。采取"揭榜挂帅"等方式对关键技术完成攻坚战，并进一步完善鼓励首次推出先进大型能源设备试用的政策，从而提高能源领域的重大技术设备的使用普及率。与此同时，还需加强国企在节能减排方面的绩效考评，促使他们增加能源技术的创新投入，积极推行新的技术，提高自身的技术水准。

（四）构建财政与金融政策的支持体系，助力能源绿色发展

1.优化多元的资金投入和融资方式，促进能源的绿色低碳转变

增强对于全省清洁低碳能源项目和能源供给安全保障工程的投资和融资支持，并把满足条件的大型清洁低碳能源建设项目列入地方政府专项债券资助范畴。推动清洁低碳能源相关基础设施项目开展市场化投融资，研究将清洁低碳能源项目纳入基础设施领域不动产投资信托基金试点范围。

2.完善能源绿色发展的金融支持政策，探索发展清洁低碳能源行业供应链金融

完善能源行业企业贷款审批流程和评级方法，充分考虑相关产业链长期成长性及对碳达峰、碳中和的贡献。同时，还应该创造出更适合清洁低碳能源需求的新一代绿色金融工具，激励具备资格的企业发布绿色债券，并且引导银行等金融机构增加对有明显碳减排效果的项目进行支持。另外，也应当推广可持续发展关联债券等新形式，支持化石能源企业绿色低碳转型。探索推进能源基础信息应用，为金融支持能源绿色低碳转型提供信息服务支撑。鼓励能源企业践行绿色发展理念，充分披露碳排放相关信息。

三、推动能源消费模式向绿色低碳变革

（一）聚焦煤炭方面，合理控制消费

全面推进煤炭领域变革，努力实现消费替代和转型升级。大力推动煤电

机组在节能降碳、灵活性以及供热方面进行改造，实现联动发展。[1]对无法改造的机组逐步淘汰关停，鼓励现有燃煤发电机组替代供热，积极关停采暖和工业供气小锅炉，对具备供热条件的纯凝机组开展供热改造。[2]新增煤电机组煤耗标准达到先进水平，在大方式运行的基础上，逐步实现煤电由基础性向系统性转型。

（二）聚焦天然气方面，加快提质增效

扩大城镇天然气利用，重点推广城镇居民日常生活用气、公共服务设施用气，加快提高城镇居民气化水平。加强城中村、城乡接合部、棚户区天然气替代改造，加快推进燃气下乡。

推进天然气多元化利用，聚焦工业、交通等方面的提质增效，推进城市工业园区、旅游集中服务区等区域建设天然气冷热电联产的分布式能源项目，适时开展集中式天然气发电前期工作，充分发挥热电联产、燃气电厂发电、供热、供冷、调峰的作用。

（三）聚焦重点行业领域，推进节能降碳

节约能源是"第一能源"，能源消费绿色低碳变革的首要原则是坚持节约优先。工业、建筑、交通是能源消费的主要行业领域，是实现节能降碳的"三驾马车"。因此，要有序引导重点行业的达峰目标并组织实施，推动能耗"双控"向碳排放总量和强度"双控"实现转变，加强重点行业领域节能降碳行动。在工业领域，要推广先进适用技术，开展能效对标达标和能效"领跑者"行动，推进绿色制造，坚决遏制"两高"项目盲目发展，推动钢铁、有色、化工、建材四大高耗能行业淘汰落后产能。在建筑领域，要持续提高新建建筑节能标准，大力推进既有建筑和市政基础设施节能改造，推动超低能耗建筑规模化发展。在交通领域，要构建绿色低碳交通运输体系，推动大宗货物中长距离运输"公转铁""公转水"，鼓励清洁燃料替代。此外，还要推进数据中心、5G通信基站等新基建领域节能提效。

---

① 章建华：全面构建现代能源体系　推动新时代能源高质量发展　时事报告 [EB/OL]．（2022-05-18）[2023-09-18]．http://www.nea.gov.cn/2022-05/18/ c_1310597330.htm.

② 发展改革委网站．国家发展改革委　国家能源局关于开展全国煤电机组改造升级的通知［EB/OL］．（2021-10-29）[2023-09-18]．https://www.gov.cn/ zhengce/zhengceku/2021-11/03/content_5648562.htm.

（四）聚焦终端用能，实现电能化与低碳化

工业、建筑、交通占终端能源消费总量的97%左右，因此，应加快推进建筑、交通、工业、农村领域等电能替代，[①]不断拓宽终端用能电气化市场。《云南省绿色能源发展"十四五"规划》（以下简称《能源规划》）提到采用多种电能替代技术，推动开展电能替代新技术示范、项目示范、区域示范、产业园区示范。推行燃煤替代，以气代煤、以电代煤。以重点煤耗行业为突破口，大力实施煤炭消费减量替代行动，倒逼落后产能转型、升级和退出，鼓励燃煤锅炉升级改造，缓解煤炭资源相对短缺的形势。推动可再生能源与常规能源体系融合，统筹热力和电力等能源系统，建立可再生能源与传统能源协同互补、梯级利用的综合热能供应体系。[②]

（五）聚焦民生，促进能源惠民服务

1.关注农村和边远地区能源基础设施建设

《能源规划》指出，要加强能源普遍服务，推进农村电网巩固提升工程，着力建设现代化农村配电网，补齐农网短板，消除重过载和电压质量问题，全面解决频繁停电和低电压问题。

2.提高乡村清洁能源保障

实施千家万户沐光行动，充分发挥能源产业投资规模大、上下游拉动作用强等特点，探索、建立、完善能源开发利益共享机制，依托能源产业巩固脱贫攻坚成果，完善易返贫地区优先倾斜支持政策。推动农村生产生活方式绿色转型，以县为单位开展绿色低碳发展示范区建设。

（六）聚焦全民行动，实施绿色低碳消费

在全社会倡导节约用能，增强全民节约意识、环保意识、生态意识，引导形成简约适度、绿色低碳的生活方式，坚决遏制不合理能源消费。深入开展绿色低碳消费社会行动示范创建，营造绿色低碳生活新时尚。在交通方面，支持云南的各州市共同打造"绿色出行"示范工程试点，优化绿色健

---

① 中国机关后勤．深入学习贯彻习近平生态文明思想　着力推动能源绿色发展［EB/OL］．（2023-07-19）［2023-09-18］．http://www.nea.gov.cn/2023-07/19/c_1310733371.htm.

② 能源局网站．国家发展改革委　国家能源局关于印发《"十四五"现代能源体系规划》的通知［EB/OL］．（2022-01-29）［2023-09-18］．https://www.gov.cn/zhengce/zhengceku/2022-03/23/content_5680759.htm.

康、环保公共交通出行方式，推广应用新能源、清洁能源公共交通，倡导使用共享单车、步行等现代化的绿色、健康、低碳出行方式。在采购方面，要提倡人民树立绿色生活、绿色消费理念，优先购买环保节能节水的家电用品。同时，创建绿色低碳公共机构，推进云南公共机构的低碳发展和绿色化环境改造，开展践行节能和减污、绿色低碳转型行动；鼓励国有企业在采购和使用产品时，优先选择节能用品。

第二节　矿产资源发展方面

一、增强矿产资源保障能力

（一）加强基础地质调查

首先，加强区域地质调查，做好土地资源调查工作，加强云南三江成矿带、南盘江-右江成矿带1：5万基础地质调查与数据更新，加强对云南省古生物化石及其重要的地质遗产的研究，以此作为全省地质数据研究的基础。其次，积极推动矿藏地质学研究，通过运用地物化学遥感技术来实现云南三江、上扬子西部边缘、南盘江-右江等地的重要成矿区的地质物理信息的成矿预判，从而筛选出有潜力的矿源地点。特别关注香格里拉、个旧、兰坪金顶、鹤庆北衙等主要矿床群的深度地质结构研究，构建寻找矿源的基本框架和综合信息模型，奠定寻找矿源的基础。

（二）开展矿产资源调查评价

通过中央政府和云南省地质勘查基金等各类财政资金来支持矿产资源的调研和地下水的评估工作，以便更好地理解成矿规律，寻找潜在的矿源地，提出新的矿产发掘点，并对资源的价值做出评测。继续深入研究滇东北镇雄地区磷矿，更全面了解羊场背斜等区域磷矿资源潜力。针对滇东南文山地区铝土矿调查评价，新增铝土矿资源量，支持云南绿色铝产业的发展。实施西南三江成矿带（云南部分）战略性矿产资源调查评价，重点对资源分布、规模、质量、开发利用条件等进行分析、评价和预测。实施滇中红层地区和滇东石漠化地区地下水资源评价，解决滇中红层地区和滇东石漠化地区缺水问题。

二、提升矿产资源开发利用水平

（一）调控开发利用强度

加强矿山准入的要求，严格执行非煤矿山开采至少要达到的开采规模及服务年限的标准。综合考虑矿产资源的潜力、保护的程度和市场的供求状况等因素，合理地确定每年的开采总量，控制开发和利用的强度。

（二）确定明晰的开发利用方向

《云南省矿产资源总体规划（2021～2025年）》（下文简称《矿产规划》）提到，应该积极开采页岩气、煤层气、地热、铁、锰、铜、铝土矿、锡、金、银、硅石矿等多种矿物资源。同时，应该避免对包括蓝石棉、可耕地砖瓦用黏土等有害物质的开采和挖掘；不再新建汞矿山，逐步停止汞矿开采。对于那些含有高硫、高灰、高砷、高氟元素的煤炭，也要严格控制其开采量；与此同时，也要减少对湿地泥炭及沙金、砂铁等的采集数量。

（三）提高能源矿产开发利用效率

为了实现安全、高效清洁能源矿产供应体系，打好"绿色能源牌"，要深入推进对煤炭行业的供需平衡调整策略并优化其生产能力及退出机制，发挥优质产能，因地制宜推广充填开采、保水开采、煤与瓦斯共采等绿色开采技术，促进煤炭安全高效、清洁利用。同时，因地制宜开发利用地热资源，充分利用地热资源丰富、可采量大的优势，引导昆明、大理、丽江、西双版纳、迪庆等地区地热资源合理配置，带动旅游与康养产业发展，助力打造健康生活目的地，创新地热资源开发利用模式，提高地热能利用比重。

（四）保障金属矿产资源有效供给

稳定铁矿开采能力，坚持"稳住滇中、发展滇西南"的方针，把主要精力放在滇中的铁矿上，确保现有的铁矿产能得以保障，同时增加对滇西南地区的铁矿勘探力度。对于锡钨矿的需求，要保障稳定的锡矿和钨矿产量，并且进一步提升难以处理的锡钨矿资源的使用效率。适当扩展铜铝土矿的开发范围，优先考虑大型和中型的铜矿项目，适量增大铜矿的开采量，以此满足国内的铜矿资源需求。合理调控铅锌矿的开发使用程度，逐渐增强大型和中型铅锌矿的比例，充分发挥铅锌矿的资源优势，确保铅锌资源的持续供应。

（五）强化稀土稀有稀散矿产开发，加强重要非金属矿产开发利用

《矿产规划》鼓励对共伴生稀有稀散金属资源的综合评价与开发利用，提高有用组分回收利用率。稳定磷矿资源供给和开采能力，加强对低品位磷矿资源的利用；加快推进镇雄羊场磷矿开发，保障新能源及磷复肥用矿需求。不再新建露天磷矿山。此外，加大硅石矿、建材等非金属矿产供应。促进硅石矿绿色开采、规模发展，为发展绿色硅产业提供资源保障。以开采天然装饰石材、建筑用石材、水泥灰岩、冶金辅助原料和化工辅助原料等非金属矿产为重点，引导规模开采、绿色开采，推进资源集约化、规模化开发。

（六）完善矿产资源监督管理体系

严格矿业权出让源头管控，全面推进矿业权竞争性出让，严格控制协议出让，科学调控、合理布局矿业权。健全开发利用监督管理体系，进一步完善社会监督、政府抽查、失信惩戒的矿产资源监管体系，做好矿业权人勘查开采信息公示工作，通过动态巡查、卫星遥感监测等工作手段，强化对无证勘查、无证开采、越界开采等行为的执法监察，促进全省矿产资源领域安全生产持续稳定。

三、促进矿业绿色发展

（一）推进矿产资源高效利用，减少环境污染

根据《矿产规划》，要聚焦有色金属和贵金属、磷矿、煤炭等方面，在有色金属和贵金属方面，应用先进技术提高资源综合利用水平，加强低品位矿和难选矿石选矿技术工艺的研发。推广高效提取技术如异步混合浮选、电化学控制浮选，实现节能环保和循环利用，发展精深加工，延伸产业链。采用先进适用技术提高开采回采率和选矿回收率，提高废水和共伴生元素的综合回收利用。在磷矿资源方面，应根据实际情况推广先进适用技术工艺如露天长壁式开采。推广胶磷矿微差密度分选与洁净生产等技术，优化选矿流程，充分利用好中低品位磷矿资源。支持磷矿资源的分级利用，提高磷石膏、磷渣等利用率。对于煤炭资源，发展高精度煤炭洗选加工技术，实现煤

炭深度提质和分质分级，提高煤炭资源综合利用效率。将政策引导与市场推动相结合，构建清洁、高效、低碳、安全、可持续的现代煤炭清洁利用体系。

（二）推进绿色矿山建设

制定云南省有色金属、黄金、化工、水泥等行业的省级绿色矿山评价指标，建立切实有效的绿色矿山评价体系，分类别、有秩序推进绿色矿山建设。按照绿色矿山的规范，新建的矿山需要进行规划、设计、建设和管理，以加快改造升级并逐步达到标准。同时，还要继续推进云南昆明和个旧绿色矿业发展示范区的建设，朝着资源节约、环境友好、高效利用以及矿地和谐的发展道路前进。

四、加强矿产资源管理水平

（一）完善矿产资源法律、法规的制定并严格执行

制定并逐步完善矿产资源管理的法律、法规，加大执法监察力度，全面整顿和规范矿产资源管理秩序，加强安全生产监督，依法维护矿产资源的国家所有权益和探矿权人、采矿权人的合法权益。构建并持续优化关于矿产资源的管理法令与规定，增强监管执行力，对矿产资源环境全面整治和规范管理，强化安全生产监督的重要性，依法保护矿产资源所有权者的权利保障。全方位清除和改正矿产资源开发中存在的各类违法行为，必须依据相关的法律法规来实施这项工作。对于矿产资源开发过程中的探矿权和开采权申请、项目批准、生产许可、安全认证、环保评估、公司成立等方面的工作都要进行彻底的审核和检查。针对违反规定的审批、权力滥用、职责缺失、玩忽职守的行为以及公职人员涉及经营矿业、徇私舞弊等问题，要严格依法处理。①

（二）提高政府部门有关矿产方面的服务水平

改进服务手段，遵循公开化、透明化、规范化、效率优先的原则，实行政务公开。各层级矿产资源管理单位的业务流程、审批手续、所需材料、

①　中华人民共和国生态环境部．国务院关于全面整顿和规范矿产资源开发秩序的通知［EB/OL］．（2005-08-18）［2023-08-18］．https://www.mee.gov.cn/zcwj/gwywj/201811/t20181129_676391.shtml.

规则和时间限制等应向公众公示，以便于社会的监督。同时，也需建立起内部会审、窗口办公、行政问责等相关机制。还要创建信息检索系统，让所有人都能快速、便捷、实时地获取全省范围内的矿产资源计划、政策、法律法规、资源存储类型划分标准，积极利用信息技术，以增强工作效能和服务质量。

五、强化矿产资源技术创新

（一）重视矿产资源领域科技创新

1.深入开展重大关键领域的科技攻关

一方面，注重在理论方面有所突破。围绕矿产资源领域的前沿科学问题和发展趋势展开研究，进而在地球科学基础理论、成矿预测理论与方法、地质过程与资源环境效应等关键领域发展创新。另一方面，重视开发技术创新。重视开发技术创新并优化由企业主导、市场驱动、产学研一体化的矿物资源探测与开发的技术创新体系，需要加速矿产资源勘查开采技术集成等方面的技术创新，努力获取深度地下资源、复杂且难以处理的矿石加工方法，从而促使资源更绿色的开采和更高效率的使用，进一步提升资源的整体利用率。

2.充分发挥科技创新平台作用

充分发挥自然资源部三江成矿作用及资源勘查利用重点实验室、云南地质大数据中心、云南省矿产资源勘查与综合利用工程技术研究中心等省内科技创新平台作用，深化地质科技创新能力建设。以大宗紧缺矿产、战略性新兴矿产为主要研究对象，打造找矿理论和勘查技术创新研究新高地。以"自然资源云""地质云""地环云""云南地质大数据"等数据服务平台为基础，构建地质大数据服务支撑体系，不断提升矿产资源保护、勘查、开发、监测等工作的信息化和数字化水平。

（二）抓好技术创新人才队伍建设

建立以创新能力、质量、实效、贡献为导向的科技人才评价体系，构建充分体现知识、技术等创新要素价值的收益分配机制。培养团队研发能力强、长期坚守攻关研究、具有较强创新意识和创新思维的优秀队伍。

第三节　农业资源发展方面

一、综合发力弥补农业用水不足

（一）践行节水农业理念

政府要加大节水农业的宣传力度和普及工作，以种植大户、合作社和农业企业等为主体，建立节水农业科技示范园和培训学校，从而有效地强化农民们的节约用水的观念。在宣传节水农业理论的基础上，进一步研究节水设施开发和节水技术运用，以此来提高云南季节性旱区灌溉、排水协调和调控农业生产的能力，进而促进农业绿色可持续发展。

（二）加强水肥高效利用与水肥一体化技术的研究

水和肥料是影响作物生产的两大人为可控的关键制约因素。一直以来，云南更多关注的是如何优化肥料的使用效果，对于节水农业方面的研究则相对较少，而且水肥的研究是分开的。事实上，水肥之间存在互作效应，因此云南需加强水肥高效利用与水肥一体化技术的研究，这样才能更好地发挥水利科技创新对云南绿色农业、生态农业和有机农业的影响力，弥补其高端农产品产业发展中的不足之处，更好地打造云南"绿色食品牌"。

（三）发展多元农业

减少对单一作物的依赖，推动多元农业发展，引入抗旱作物和耐旱品种，降低农业在干旱条件下的脆弱性，增强农业的抗旱能力。

二、强化农产品的流通环节

（一）推动农产品电商提质增效

加快落实推进农村电子商务提质增效，促进农产品流通。要依托电商进农村综合示范项目，因地制宜、分类施策，全力推进县乡村三级物流配送、农产品进城、工业品下乡和电商培训体系提质升级，改革农村电商公共服务体系运营模式，推进提高农产品电商"五统筹"（产品、物流、品牌、服务、资金）能力。加强数字化平台运用，迭代升级"一部手机云品荟"功能应用，推广"云品荟+直供+展示展销"等模式，完善基于时间、区域、品类三个维度的农产品动态数据库，扩大原产地数字化采购服务网络，赋能产销两端对接融合。支持农业生产基地、家庭农场、种养大户扩大电子商务应用，培育一批县域网络零售龙头企业。

（二）打造稳定高效的国内农产品流通体系

实施农商互联，完善农产品供应链工程，促进农产品流通企业与新型农业经营主体进行全面、深入、精准对接，不断提高订单农业、产销一体、股权合作等长期稳定流通模式在农产品流通中的比重，构建符合新时代农产品流通需求的农产品现代供应链体系，提升农产品供给质量和效率。加快交易中心建设，指导企业做好交易中心设立工作。"十四五"期间，力争建成茶叶、花卉、水果、蔬菜、坚果、咖啡、中药材、肉牛、橡胶、食糖、食用菌、水产品等12类云南特色大宗商品国际交易中心。制定常态化条件下巩固和拓展农产品营销渠道工作方案。进一步巩固北上广深市场，大力开拓东北、西北、江浙和华中市场，按照市场和季节分类建立合作机制，稳定供销渠道，实现企业、产品、市场、季节常态化对接和供应。

（三）着力提高农产品出口贸易便利化

保持农产品出口支持政策的延续性和稳定性，大力支持农产品外贸转型升级基地公共服务平台建设、产品质量技术创新、出口信用保险和商标品牌注册。全力稳固东盟第一大市场，大力开拓欧美、中东等重点市场和潜在新兴市场，集中优势资源宣传推介我省优势产品，推出有竞争力的商品品牌，扩大"绿色食品"的知名度和影响力。

（四）构建农产品全链条冷链物流体系

引导云南省企业强化供应链思维，提高专业化运营水平和服务能力，培育发展一批具有较强竞争力的骨干冷链物流企业。在产地环节，重点改造或新建产后预冷、贮藏保鲜、分级包装等产地型冷链物流设施，推广使用移动式冷库等新型冷链设施。在流通环节，重点在农产品区域性集散地建设满足多种储运需求的冷链物流集配中心，推广使用标准化冷藏运输、全程温湿度监控等新技术和设备，发展冷链物流智能监控与追溯平台。在市场环节，支持冷链物流企业与农产品生产、加工、流通企业及头部电商平台合作，建立面向国内主要消费市场的冷链物流网络，提升绿色优质农产品供给能力，拓展中高端农产品供给市场。在消费环节，改造提升大型农产品批发市场、农集贸市场保鲜贮藏设施，完善面向居民消费的末端冷链配送设施及网络。

三、全面提升初加工、精深加工能力

（一）加强产地初加工提升工程

推行农产品的标准化分类等级划分，并增强其商品化处理水平。改进茶业初制场所，确保所有茶业初制场所都达到标准的规范要求。推进天然橡胶的初期加工设备上实行更新换代及技术改革，扩展其轮胎专用的橡胶制品、浓缩橡胶液体以及高质量特殊橡胶的产品制造规模。大力推进小包装净菜加工，全省小包装蔬菜占商品比重达标。对于柑橘、苹果等主要水果品种的主产地区，要增设新的中高端果品筛选装置，逐步增加云南省的初级农产品加工的能力。建设坚果初加工机械一体化示范生产线，改造提升标准化咖啡鲜果处理中心。推进道地药材产地初加工，提高优势特色云药加工能力。推进畜产品分级分割、生鲜速冻，提升集中屠宰规范化水平。

（二）聚焦精深加工延链工程

围绕重点产业布局，统筹发展精深加工、综合利用加工，推动农产品加工业优化升级。改善蔗糖加工装备条件，提高精深加工水平，延长蔗糖产业链。提高茶叶精深加工率。提升天然橡胶减隔震系列产品、医用乳胶手套等精深加工产能。支持食用玫瑰发展以"伴手礼"为主的精深加工产品。积极推进坚果油脂类、休闲食品和蛋白类精深加工，新建核桃油加工生产线。提升咖啡烘焙豆、浓缩液、冻干粉等产品生产能力，新建和改造提升咖啡精深加工生产线。推进药食同源产品精深加工，建设中药饮片、颗粒等产品生产线。支持肉食品深加工扩能提质。

（三）完善加工园区建设工程

进一步优化空间布局，推动农产品加工向具备优势的产区集聚，致力于培育要素集聚、产业链完善的加工园区。结合云南实际，重点推进文山和德宏优质米产业园区、勐海茶叶加工园区、西双版纳天然橡胶制品加工园区、普洱和保山咖啡加工园区、永平和凤庆以及漾濞核桃加工园区、楚雄植物蛋白加工园区、文山三七加工园区、寻甸肉牛加工园区等建设和改造提升。①

四、提高农业科技创新

（一）在"良种"培育环节加强重点支持

品种技术被视为农业的"芯片"技术，是抢夺市场的重要基础。云南省有着丰富的生物多样性资源，因此应在"种源库"和"基因库"两方面下功夫。例如，近几年，云南省、昆明市重点打造的十大名药、名花、名果、名茶、名菜等，获奖企业中真正拥有自主知识产权"良种"为数不多。应以"十大名品"企业为抓手，梳理、推广"良种"，针对"十大名品"中具有品种研发能力的企业，鼓励其成立"良种专项研发实验室"，政府给予资金和政策支持；鼓励名品企业与科研院校开展"一对一工程"，形成"良种科研专班"。在种业方面打造自己的核心竞争力，树立种业品牌，甚至向全国输出品牌。

（二）建立健全农业科技成果转化投入机制

探索建立"财政投入为引导、企业投入为主体、金融资本和民间资本竞相跟进"的多元化投入机制。设立农业科技推广专项基金，充分发挥财政资金的引导和杠杆作用，逐年提高农业科技支出占公共财政支出比重，侧重投资在能打造农业经济核心竞争力的项目上。金融机构要积极履行在农业科技开发贷款上的优惠政策，对于市场前景好的高新技术成果的推广给予风险贷款，帮助消除不确定性风险。探索农业科技企业股权、品种权、专利权的抵押担保融资业务以及发行债券等方式，为农业企业的科技创新提供多层面的资金支持。

（三）加强农业创新平台建设

智慧化农业平台的开发和应用是未来现代农业发展的必然趋势。农业发

---

① 云南省人民政府门户网站.云南省人民政府办公厅关于印发云南省农业现代化三年行动方案（2022—2024年）的通知［EB/OL］.（2022-06-22）［2023-10-18］. https://nync.yn.gov.cn/html/2022/gongshigonggao_0622/387720.html?cid=3001.

展的未来必然离不开数字农业、高效农业、可溯源的安全农业。加快推广智慧农业项目的落地，是云南省农业经济弯道超车的关键。但智慧农业要讲究低成本和实用性，政府应该引导农业企业打通"最后1公里"。要聚焦各州市的发展战略需求，打造一批省级农业技术创新中心，加快推进国家现代种业产业园等项目建设。引导农业龙头企业牵头，产学研深度融合，建设一批中药材、花卉、食用菌等产业创新联合体、专业型研究所、企校联合创新中心等新型研发机构。

（四）完善农业科技服务体系，大力提升科技成果转化效率

由政府统筹，建设一个全省范围的农业科技成果评估鉴定、登记、信息发布的网络平台，让有需求的农业企业、农民能够及时得到相关信息，有效避免重复立项问题。培育和引进一批具有服务能力强、专业水平高的农业科技成果转化中介服务机构，为农业科技成果接收方提供全程技术指导服务，提高科技成果转化成功率。搭建常态化农业科技成果交易平台，充分发挥桥梁纽带作用，解决供需双方信息不畅、寻求合作比较困难等问题。

（五）强化科技人才队伍建设

不断加快培养和引进高素质农业科技创新型人才，完善培养和管理制度，更好地推进农业科技创新，促进农业科技成果的普及与推广，从根本上不断提高农业劳动的全要素生产率和经济效益；此外，进一步创新农业科技创新型人才工作理念、人才培养机制，完善农业创新型人才的评价及创新机制，研究探索构建起一整套有效的农业科技创新型人才激励机制体系，进一步激发农业科技创新人才的创新潜能，提高农业科技创新型人才的创新实效。[1]激发农业科技创新活力通过各种形式的产学研合作，聚集一批科技领军人才、青年拔尖人才，逐步形成全省创新团队的核心。探索以质定酬的创新型分配管理方式，落实工资倾斜和绩效工资政策，切实提高基层农技人员的福利待遇。

---

① 谢彦明，张连刚，张静．乡村振兴理论与云南实践［M］，北京：中国农业出版社，2022．

五、加快培养新型职业农民

（一）聚焦人才的引进和培养

1.积极鼓励并支持青壮年农民工和大学生回乡创业

为"归雁工程"[①]的推进实施创造条件。该计划旨在借助家庭情感联系、优惠政策吸引优秀的人才回到家乡，从而推动乡村的发展。一是建立与本乡镇有工作关系和亲缘关系的各类人才的"英才库"，并在每个重要的传统节庆如春节、中秋时召集一些在外创业的村民返乡参观、交流，激励他们回乡创业。二是对有意返乡创业的"归雁"，地方政府需要设立专门的人员为其办理相关证件；对意向投资项目，确定具体部门负责推进，为返乡创业搭建平台。三是贯彻国家关于农民返乡创业的相关规定和政策，对于满足条件的返乡创业者给予创业补助；对于返乡人员在创业孵化基地创办实体经济的，则可享受一定的物业费用、水电费用及租金减免等福利。

2.开展针对性免费培训，重奖创业示范平台

鼓励新型职业农民采用半农半读、农学交替等方式分阶段完成学业。对有创业意愿的大学生开展多种形式的农村创业专项教育，鼓励大学生结合"互联网+""有机农业""乡村旅游"等创业热点挖掘适合农村的创业项目。大学生到农村创立的以非营利为目的的创新创业项目，可以按程序列入政府购买公共服务的范围。鼓励专业技能型和专业服务型职业农民参加国家职业技能鉴定，全面推进以新型职业农民为重点的农村实用人才认定管理，将现有扶持政策更加精准地落实到职业农民头上。创建农村职业教育示范县，积极开展职业技能培训。完善培育机制，加快构建"专门机构+多方资源+市场主体"的农民教育培训体系，发展壮大爱农业、懂技术、善经营的新型职业农民队伍，为现代农业发展注入源源不断的动力。

3.提供优惠的税收、担保等政策

对于符合一定条件的大学生涉农创业项目，可优先入驻地方创业孵化器发展，在一定的孵化期内，实行一定程度的房租减免、税费减免、行政事业性收费减免等优惠。对于具备领军潜力和持续发展能力的大学生创新企业，

---

① 人民网.陕西商洛市：实施"归雁计划"锻造乡村振兴生力军［EB/OL］.（2022-08-22）［2023-10-18］.http://dangjian.people.com.cn/n1/2022/0822/c441888-32508291.html.

在经营场所和创业担保贷款等方面进行重点扶持，政府提供一定额度的贴息创业担保贷款，同时向天使投资基金、风险投资基金予以重点推介。设立从业风险综合保险，从业人员每年交纳少量保险费，一旦经营出现问题，根据具体情况，保险公司提供理赔。

（二）创新农业组织形式

加快培育新型农业经营主体，加快发展农民专业合作社、家庭农场、专业大户、龙头企业，推进土地入股、土地流转、土地托管等，促进农业向好发展和经营。鼓励农产品加工流通型龙头企业和城市工商资本进入种养业，持续推进适度规模经营和专业化、标准化、集约化生产，加大对农业产业化龙头企业的信贷支持和上市扶持力度。鼓励第一产业中的新型农业经营主体积极发展农产品加工和流通服务业，不断壮大自己。加快培育农业新型经营主体，鼓励新型职业农民、务工经商返乡人员等领办合作社、兴办家庭农场。创新农业组织形式，加强引导要素流向农村，新型经营主体培育从财税、信贷、土地和价格等方面进一步促进农村产业发展的政策体系形成。

六、促进农业绿色安全发展

（一）加强农业环境保护与治理

1.推进化肥农药减量增效

在化肥使用方面，实施全省化肥使用量零增长行动，建设以及推广施肥新技术、新产品、新机具，打造化肥减量增效"三新"样板。推广应用智能化推荐施肥系统，推进多元替代减少化肥投入。推广有机肥替代化肥、测土配方施肥。开展肥料质量监督抽查，举办科学施肥技术培训，增强农民绿色意识。

在农药使用方面，完善农药风险评估技术标准体系，加快实施高剧毒农药替代计划，修订禁限用农药名录，规范农药行业管理。建立农药等农业投入用品的电子追溯制度，严格农业投入品生产和使用管理，支持低消耗、低残留、低污染农业投入品生产。开展农药质量监督抽查，以举办农民科学安全用药培训活动为契机，针对重点作物、重点区域、重点环节开展专题培训，规范农药经营和使用行为。强化病虫害统防统治和全程绿色防控，制定重大病虫害防控技术指导意见，增配自动化、智能化监测设施，及时监测发布预警信息。积极争取支持创建绿色防控基地，建设重点作物病虫害防治示范样板，推进统防统治与绿色防控融合，促进农药减量增效。

2.全面开展农业废弃物资源化利用

推进畜禽粪污资源化利用。推动畜禽养殖场粪污处理设施装备提档升级，规范畜禽养殖户粪污处理设施装备配套，促进畜禽养殖污染减量化、无害化、生态化和资源化。继续以县为单元推进畜禽粪污资源化利用，改造提升粪污处理设施，建设粪肥还田利用示范基地，推进种养结合，绿色种养循环试点建设，推广生态种养模式，畅通粪肥还田渠道。推广养殖新技术，推进标准化畜禽养殖。

全面实施秸秆综合利用行动。持续推进农作物秸秆综合利用重点县建设，积极探索秸秆沃土、产业化和全量利用等技术模式，建立完善秸秆资源台账。加快推进秸秆肥料化、饲料化、基料化、能源化、原料化"五化"利用，发挥秸秆综合利用效益。

深入实施农膜回收行动。扎实推进地膜科学使用回收试点，推行废旧农膜分类处置。推动生产者、销售者、使用者落实回收责任，集成推广典型回收模式。持续推进加厚高强度地膜使用和全生物降解地膜替代。同有关部门开展塑料污染治理联合专项行动，加强地膜生产、销售、使用、回收全过程监管。

3.大力促进农户农业绿色生产

提高农户知识素养，对农户进行农业绿色生产的培训和教育。注重技术推广效果的介绍和说明，提高农户有效利用互联网新媒介的能力。加强农户自我约束意识的培养，强化农户对农地、农业和农村的归属和责任情感，让农户意识到生态环境恶化对自己生产和生活的不利影响，培养农户形成农业绿色生产、可持续发展的理念。

完善农产品市场，强化需求侧源头治理。严格规范农资经销商或销售者的市场经营行为，防止违规农药、化肥、农膜等化学投入品流入农户农业生产环节。拓展优质农产品销售渠道，进一步完善农产品的质量安全信息披露。通过增强消费者在选购优质农产品时的辨识能力和购买倾向，倒逼农户进行农业绿色生产。完善绿色农产品的品牌认证制度，提升绿色农产品利润水平，激励农户实施绿色生产。

规范环境规制，构建农户"激励+约束+自愿"机制。制定激励型环境规制，对农户农业绿色生产行为给予适当的经济补贴或环境奖励，降低农户农业绿色生产成本，提高农户实施农业绿色生产行为的积极性。

4.完善农业污染监测体系

建设农业面源综合治理示范区，探索农业湿地与面源污染监测体系建设，加快农田氮磷流失生态拦截工程建设，推进高原湖泊流域的畜禽养殖污染治理；加强农产品产地环境监测预警，完善农产品产地环境监测体系，建立健全产地环境省级监测控制点位，构建覆盖全省的农产品产地环境安全信息管理平台。

（二）健全农产品品质安全全过程监管体系

1.强化品牌建设和标准化生产

深化对无公害农产品、绿色食品、有机食品、农产品地理标志"三品一标"认证管理工作，并确保包装标志符合规定。推动农产品品牌推广销售活动和社会宣传，增强涉及农业的商标保护力度，持续打造"高原特色"绿色有机农产品"云系"整体形象，以提高品牌价值和深度加工增值能力。建立起高原特色农业地方标准体系，推进农业标准化试验区、果蔬种植标准园区、畜禽标准化示范基地和水产健康养殖示范基地的发展，鼓励新型农业经营主体实行标准化作业。

2.确保农产品质量安全

加强农产品质量安全监管能力建设，进一步完善农产品质量安全监管体系和检验体系。利用物联网技术，健全农产品质量安全监管追溯体系，推行农产品条形码制度。严格落实食品经营者主体责任，加强生产经营管理。将农产品质量安全监管纳入农业综合执法，强化执法管理。加强农业投入品监管、农产品产地环境和农业面源污染监测、病死畜禽无害化处理，保障农产品产地安全。加强粮食重金属污染治理，严格实行粮食质量安全监管和责任追究制度，建立超标粮食处置长效机制。鼓励质检机构开展社会化服务。强化属地管理责任，落实乡镇农产品质量安全监管检测机构、人员、设备，保障运行，探索建立行政村农产品质量安全监管员制度。[①]

① 杨士吉，李维，李永松. 新时期云南高原特色农业发展战略的决策与布局[M]. 昆明：云南科技出版社，2017.

第四节 旅游资源发展方面

一、促进旅游资源向精细化转型

（一）保持稳中求进的工作总基调

将旅游资源"从粗放低效开发向精细高效运作转变"[1]，需要以稳中求进作为旅游工作的总基调，把结构调整、转型升级作为精细高效的主线，在提升产业素质和服务品质方面下功夫，摒弃传统"大干快上"的盲目思维，不搞"一窝蜂""一刀切"的运动式创建，让各地因地制宜自主创新，实实在在地走集约发展之路，实现真正的健康、稳定、可持续的发展。

（二）依据资源禀赋实施差异化管理

根据云南省资源禀赋特征，对旅游景区进行分类，实行差异化管理。遗产类重点景区和稀缺资源景区应由政府直接管理，充分体现其公益性，不以经济效益为考核标准；一般类型资源景区则应全面放开，采用市场化运作的方式由企业经营，支持鼓励旅游企业发展壮大，推动旅游景区构建现代企业制度。

（三）以政策为导向鼓励景区转型升级，打造特色主题IP

政府除了传统的政策引导外，要建立和完善旅游创新平台，聚集各类资源，对关键创新资源进行相应补贴，以创新带动整个产业的发展，为旅游景区的精细转型升级创造条件。

二、缩小区域旅游经济发展差距

（一）优化旅游空间布局

解决和改进云南省各州市区域旅游经济发展差距大的问题，需要优化

---

[1] 人民日报. 全域旅游的价值和途径［EB/OL］.（2016-03-04）［2023-09-18］. https://www.gov.cn/zhengce/2016-03/04/content_5048854.htm.

全省空间布局，整合跨区域资源要素，促进区域协调发展，构建推动高质量发展的旅游空间支撑体系。按照"产业集聚、资源集约、土地节约、绿色发展"原则，加快构建"一环、两带、六中心"（即，建设大滇西旅游环线、建设沿边跨境文化旅游带、建设金沙江生态旅游带、建设六个国际旅游中心，其中包括：昆明国际旅游中心、大理苍洱国际旅游中心、丽江古城—玉龙国际旅游中心、西双版纳景洪国际旅游中心、保山腾冲国际旅游中心、建水—元阳国际旅游中心）旅游高质量发展的空间新格局，发挥辐射示范功能，进而促进区域协调发展。

（二）依据资源特色发展

推动滇东北开发，以绿色、高端、精品为方向在旅游业中发展特色优势产业，打造更多地理标志产品，打造现代农业基地与乡村休闲农业相融合的示范基地，带动经济发展。[1]在大滇西旅游环线中，依托滇西的生物多样性、景观多样性、民族多样性、文化多样性的资源禀赋和特色，通过其丰富多样的自然景观和人文资源，打造一流目的地，促进旅游业的蓬勃发展，缩减与其他地区的差距。不断建设和完善公共基础设施和服务设施、旅游度假区、旅游景区、"国门文化"中心等重大重点项目，打造腾冲、瑞丽、芒市等美丽城市，建设提升特色小镇，积极发展温泉康养度假、跨境旅游等新业态新产品，提升该地区的旅游经济。

三、推进旅游监管水平提质增效

（一）加大市场综合监管力度

首先，加大旅游市场监管力度。持续开展在线旅游产品及信息、未经许可经营旅行社业务专项整治行动和"不合理低价游"整治，严厉打击违法违规经营行为，坚持零容忍的态度切实维护好旅游市场秩序和广大游客合法权益，守护好云南旅游金字招牌。其次，进一步加强全省旅游市场综合监管考核评价。积极对接省内政务服务便民热线归并优化工作，畅通12345政务服务便民热线等各类举报投诉渠道。

---

① 云南省人民政府．云南省人民政府办公厅关于印发云南省"十四五"区域协调发展规划的通知［EB/OL］．（2022-04-21）［2023-09-18］．https://www.yn.gov.cn/zwgk/zcwj/zxwj/202204/t20220421_241076.html．

（二）加强行业信用体系建设

一方面，提升旅游行业整体信用体系建设。行业协会开展自律管理，对旅游企业进行诚信评价，以此促进旅游行业服务品质提质升级。另一方面，推进涉旅企业数字化诚信服务平台、旅游购物退换货监理等建设。通过数字化平台进一步完善市场主体和从业人员信用记录，并将有关记录纳入省信用信息共享平台，逐步纳入全国信用信息共享平台和国家企业信用信息公示系统，加强警示作用，完善行业监管。

（三）加强旅游监管人才队伍建设

制定与市场需求相适应的人才培养方案，借助院校教育资源，依托文化和旅游人才信息库、网络学习平台等，推动旅游人才培训基地建设，强化对监管从业人员的在职专业技能培训，促进全省旅游监管水平提质增效。[1]

四、强化科技赋能旅游产业

（一）推进数字化基础设施建设

推进旅游信息通信网络建设，加快公用通信网络升级改造，持续完善大滇西旅游环线网络覆盖，分类实施5G全覆盖，优先在国家级及省级旅游示范区、AAA级以上旅游景区等实现。推进旅游信息基础设施建设，加快文化经营场所、停车场、旅游厕所、旅游专用道路及旅游景区内部引导标识系统等数字化与智能化改造提升。加强重点区域客流集中区视频监控网络建设，实现对旅游资源、服务网点、设施设备的实时监测和管理。

（二）推进旅游要素智慧化建设

建设智慧旅游景区，以限制数量、提前预约、错峰出行为目标，紧扣游客需求，引导旅游景区开发数字化体验产品，普及旅游景区电子地图、扫码识景、预约预订、分时游览等智慧化服务，丰富游客体验内容。依托在线平台，积极推动构建云南美食地图，探索智慧采供、刷脸消费、无接触服务等智慧餐饮建设。

---

[1] 云南省人民政府办公厅.云南省人民政府关于印发云南省"十四五"文化和旅游发展规划［EB/OL］.（2022-05-27）［2023-09-18］.https://www.yn.gov.cn/zzms/zxwj/202205/t20220527_242589.html.

（三）加强旅游科技创新研究

加强省内大型旅游企业建设，通过联合共建研究中心、技术研究院等机构，加快布局建设旅游数字化实验室，加速互联网赋能旅游新产品、新业态培育，形成以企业为主导、以实验室为载体的技术创新应用模式。推进旅游创新平台、创客基地等众创空间发展，建设文化旅游产业互联网示范园区，带动旅游产品创新、业态转型、产业升级。[1]

（四）提升旅游科技化开发水平

坚持创新驱动，不断提升云南省旅游产品开发、公共服务设计的数字化水平。有序推动商用密码在旅游行业的运用。在旅游产品开发以及公共服务设计中，融入云南历史文化和民族文化，提炼具有云南特色的文化遗产品牌、符号、内容等，通过数字化创意设计和转化，促进云南文化数字化传播与传承。制定数字科技人才引进政策，促进旅游数字化创意人才跨区域、跨部门交流和学习，提升旅游产品数字化设计和开发水平。坚持产学研融合，加强与高等院校、科研院所、科技公司合作，及时将最新科技成果融入旅游产品的设计与开发。

五、激发旅游市场主体活力

（一）优化营商环境

旅游市场主体活力的释放，要处理好政府与市场的关系，让市场在旅游资源配置中发挥决定性作用，政府应减少对旅游资源的直接配置、微观旅游经济活动的直接干预，注重建设统一开放、竞争有序的现代市场体系，着力简政放权，优化服务改革，营造公开透明、便利高效的营商环境，充分激发市场主体的内生发展动力，为旅游产业发展赋能。同时，政府应为旅游市场主体的投资发展营造良好的外部环境，不断完善本地旅游基础设施和公共服务。旅游市场监管应该规则明确，简约透明，公平公正，让旅游市场主体的运营有法可依，有据可循。

---

[1] 文化和旅游部网站.文化和旅游部关于推动数字文化产业高质量发展的意见［EB/OL］.（2022-11-18）［2023-09-18］. https://www.gov.cn/zhengce/zhengceku/2020-11/27/content_5565316.htm.

（二）培育壮大旅游企业

做强做优做大骨干旅游企业。稳步推进战略性并购重组和规模化、品牌化、网络化经营，培育一批大型旅游集团和有国际影响力的旅游企业。大力推进中小微旅游企业特色发展、创新发展。支持旅游行业协会等中介组织积极发挥作用，为企业创业创新、交流合作、人才培养等提供平台服务。推动云南现代旅游产业体系实体经济的发展，优化和完善全省旅游文化产业布局体系，支持重点文化产业园区和示范基地建设、发展一批"金种子"上市龙头企业、培育壮大一批骨干旅游文化企业、推动和孵化一批中小微企业等，强化实体经济支撑旅游文化产业。[①]

六、推动高水平文旅融合

（一）要拓宽旅游产业与各产业的融合渠道

旅游产业可以与农业、工业、文化、商贸、交通、教育等多产业融合，[②]旅游产业与农业融合，使农业基地变身休闲景区，可以提升农业附加值；旅游产业与工业融合，可以加速工业转型升级；旅游产业与服务业融合，不但能促进传统服务业改造提升，还能创造出新的业态，使休闲康养、健康护理等新兴服务业获得快速发展。但是，这一过程必须是相互融合、相互促进的，即让传统产业在保留自身职能的基础上融入旅游要素进行改造提升，让既有资源得到整合与高效配置，从而实现传统产业与旅游产业融合发展。

（二）要坚持共享协同

一方面将文化资源有机融入旅游场景，另一方面将旅游要素有机植入文化场所的功能设计，推动产品融合。将依托品牌创建、科技创新、迭代升级促进跨界发展，推动业态融合。

推动市场融合，促进兼具文旅功能，在公共文化服务中植入旅游功能，在旅游公共服务中融入文化元素，推动服务融合。还要注重线上线下、推动宣传

---

① 中华人民共和国中央人民政府.《"十四五"旅游业发展规划》发布——大众旅游新阶段 旅游业如何向上生长［EB/OL］.（2022-01-30）［2023-09-18］. https://www.gov.cn/zhengce/2022-01/30/content_5671297.htm.

② 新华每日电讯1版. 旅游跨界促产业融合［EB/OL］.（2023-09-05）［2023-09-18］. http://www.xinhuanet.com/mrdx/2023-09/05/c_1310740040.htm.

融合，通过完善机制、整合资源、科技创新等手段实现旅游融合。

要积极探索融合发展的理论、技术和方法，促进旅游与相关产业和资源的融合发展走向深入。旅游具有广泛的嫁接、渗入和叠加能力，但需要有科学的理论指导、选择正确的技术路径才能够实现，推进文化和旅游深度融合，实现相互促进、相得益彰。[①]

第五节　土地资源发展方面

一、强化土地污染源头防控

（一）严格控制涉重金属行业污染物排放

以矿产资源开发活动和受污染耕地集中区域为重点，选择典型区域，执行《铅、锌工业污染物排放标准》《无机化学工业污染物排放标准》等文件中颗粒物和镉等重点重金属特别排放限值。依据大气、水污染防治法律以及重点排污单位名录管理有关规定，将符合条件的排放镉等有毒有害大气、水污染物的企业纳入重点排污单位名录管理。

（二）排查整治涉重金属矿区固体废物

开展涉镉等重金属行业企业排查整治，动态更新污染源整治清单，持续开展整治。以红河州、曲靖市、昆明市、文山州等矿产资源开发活动集中区为重点，聚焦有色金属、硫铁矿等矿区、受污染耕地及农产品超标集中区域周边，综合应用卫星遥感、无人机和现场踏勘等方式，加大涉重金属历史遗留固废排查整治力度。分阶段治理，逐步消除存量，有效切断污染物进入农田的链条。

（三）开展耕地土壤重金属污染成因排查

以土壤重金属污染问题突出区域为重点，兼顾粮食主产区，对影响土壤

---

① 人民日报. 不断推动文化和旅游发展迈上新台阶［EB/OL］.（2021-02-08）［2023-09-18］. http://opinion.people.com.cn/n1/2021/0208/c1003-32025390.html.

环境质量的输入输出因素开展长期观测。部分地区重点开展耕地土壤重金属污染成因排查，鼓励其他地区根据实际情况自行开展，识别耕地土壤重金属污染途径，追溯污染源头。

二、提高土壤监管动能

（一）完善土壤污染监管地方标准体系和技术规范

健全土壤环境监测网络和应急体系，加强土壤污染监管技术支撑和执法队伍能力建设，推动建立土壤环境监管平台，逐步实现全省土壤环境监管数字化、智慧化，着力提升全省土壤污染风险管控能力。

（二）强化土壤污染重点监管单位的环境监管

以有色金属矿和黑色金属矿采选、有色金属和黑色金属冶炼、石油加工、化学原料和化学制品制造、焦化、医药制造、制革、电镀、铅蓄电池制造、印染、危险废物利用及处置等行业中纳入排污许可重点管理的企业事业单位为重点，动态更新土壤污染重点监管单位名录，完善云南省土壤污染重点监管单位综合监管信息化平台，监督土壤污染重点监管单位全面落实土壤污染防治义务。

三、全面提升耕地安全利用水平

（一）推进受污染耕地的安全利用

科学制定云南省受污染耕地安全利用方案，明确行政区域内安全利用类耕地和严格管控类耕地的具体管控措施，以地区为单位全面推进落实。在农产品超标集中区域建立农作物种植推荐清单，推广应用品种替代、水肥调控、生理阻隔、土壤调理等安全利用技术，加强对安全利用类耕地集中区的工作指导。在受污染耕地及农产品超标集中区域开展一批耕地安全利用重点县建设，推动区域受污染耕地安全利用示范。

（二）全面落实严格安全管控措施

加强对严格管控类耕地风险的管控，鼓励对严格管控类耕地按规定采取调整种植结构、退耕还湿等措施。探索利用卫星遥感影像图等技术开展严格管控类耕地种植结构调整等措施实施情况监测。加强粮食收储和流通环节监管，杜绝重金属超标粮食进入口粮市场。

（三）深入推进耕地土壤与农产品协同调查

聚焦耕地土壤超筛选值且农产品污染物含量超标区域，开展耕地土壤和农产品加密协同监测；在农用地土壤污染状况详查范围外的重金属地质高背景区、典型设施农业集中区、中药材集中种植区选择典型区域，开展土壤污染状况调查，提升土地的安全利用水平。

四、加强耕地保护和质量建设

（一）大力推进高标准农田建设

以提升粮食产能为首要目标，兼顾油料、糖料、蔬菜等重要农产品生产，优先支持粮食生产功能区、粮食生产重点县、制种基地、现代农业产业园等区域，依据《高标准农田建设通则》等标准规范，建设集中连片、旱涝保收、节水高效、宜机作业、稳产高产、生态友好的高标准农田，统筹抓好农田配套设施建设和地力提升，高质量完成建设任务。

（二）开展耕地质量提升行动

大力推进秸秆还田，增施有机肥，绿肥种植还田，豆粮复合种植，增加土壤有机质，改善耕层结构，提高土壤肥力。开展绿色技术联合攻关和集成应用，研发绿色高效功能性肥料等绿色投入品，推广使用土壤改良培肥、节水节肥节药、废弃物循环利用等农业绿色生产技术。

（三）推动绿色农田建设

在适宜地区有序推广保护性耕作，减少土壤扰动，降低土壤裸露，防止土壤被侵蚀。在水土流失易发区，合理修筑岸坡防护、沟道治理、坡面防护等设施，提高水土保持和防洪能力。因地制宜推行土壤改良生态沟渠、田间道路和农田林网等工程措施，集成推广绿色高质高效技术。[①]

---

① 云南省农业农村厅. 云南省"十四五"耕地质量提升规划［EB/OL］.（2022-02-14）［2023-09-18］. https://www.yn.gov.cn/ztgg/ynghgkzl/sjqtgh/zxgh/202202/t20220217_236547.html.

第八章 案例研究

理论是案例研究的基石，发展壮大云南资源经济的案例研究是复杂的、灵活的、具有多元化的，需要理论与实践相结合，集思广益。做强资源经济没有一成不变的方法，但可以结合典型案例，探究个体成功的一般规律与经验启示。这也是案例研究分析的初衷。本章仍聚焦于能源资源、矿产资源、农业资源、旅游资源、土地资源，除此之外还有生物资源等方面。案例的收集和选取以真实性、典型性为基础，紧抓案例特色。每个案例都体现了一种资源经济的发展，有些甚至体现了多种资源经济的联动，最终共同创造价值，实现价值。

第一节 丽江市华坪县"去黑增绿"转型发展案例

华坪县做好"去黑增绿"加减法，做足"护绿"乘法，化解煤炭过剩产能，实施生态修复工程，发展绿色产业，创造"金沙江百里芒果长廊生态修复"模式，筑牢长江上游生态安全屏障。华坪县能源发展由"黑"到"绿"，县域能源经济亦实现由"黑"到"绿"，最终发挥出"黑色产业"变"绿色产业"的成功转型示范。

一、案例背景

华坪县地处长江上游金沙江中段，曾是全国100个重点产煤县之一，"一天三顿饭，顿顿靠煤炭"，在产煤高峰期，原煤产量曾达740万吨，占全县财政总收入的70%以上。这种"一煤独大"的"黑色经济"在创造收入的同时也造成了资源枯竭，衍生出一系列环境和生态问题。随着国家煤炭产业政策调整，以煤炭开采为主的华坪工业经济呈现断崖式下滑。由于早期矿产资源粗放、无序开采，漠视了区域生态环境的价值和资源的可持续利用，单纯追求经济增长，不仅致使区域生态环境退化，还导致土地资源被占用、地形地貌景观被破坏，长期的煤炭开采造成区域内水土流失和石漠化，严重制约了资源效益与环境、经济、社会效益的统一和协调发展。面对问题，华坪县积极探索产业转型，调整优化产业布局，主动融入和服务长江经济带，围绕打好"绿色能源""绿色食品""健康生活目的地"三张牌，坚定不移走生态优先绿色发展之路。从前的煤山现在变成了绿油油的芒果山，以光伏滴灌等能源发展推进全县多数的芒果园实现标准化有机种植，华坪县产业从"黑色经济"向"绿色经济"转型，走出一条"去黑增绿"的产业生态化发展之路，以生动的实践在绿水青山与金山银山间画出优美的"等号"。2020年，华坪县被命名为全国第四批"绿水青山就是金山银山"实践创新基地。

二、具体做法

（一）"去黑转绿"，打好转型攻坚战

华坪县通过不断探索实践，实现生态环境修复、环境质量提升和群众增收致富的良性循环，曾经以"煤"为生的重点产煤县向清洁能源转型，依托"生态产业"增收致富。在"去黑"方面，华坪县主动化解煤炭过剩产能357万吨，保留煤矿矿业权由2013年的82处减少到2023年的13处，煤炭年产量从740万吨减少到61万吨，下降91.8%，煤炭产业增加值占规上工业增加值的比重从74.5%下降到4.6%，实现城乡以电代煤全覆盖。淘汰化工产能24.68万吨，非煤矿山从42家减少到25家。在"转绿"方面，华坪县实施《长江上游金沙江绿色经济走廊华坪"一县一业"芒果产业发展规划》，推行干热河谷及石漠化地区综合治理及产业培植相结合的"金沙江百里芒果长廊生态修复"模式。生态产业面积增加，从2013年的78.8万亩增加到124万亩，煤矿区水源、植被、土地等正在恢复。在全县291户注册的芒果公司和合作社中，有17%由煤炭企业注册建立，累计有25家煤炭企业转行，带动就业3000人，新增生态产业种植面积2.1万亩。2013年以来，华坪县从事绿色产业的人口从2.9

万人增加到7.3万人，其中4.6万是原煤矿从业人员。

（二）"守绿换金"，打好生态产业牌

华坪县立足金沙江干热河谷气候优势，以科学技术为支撑，推广光伏滴灌，推行"畜—沼"生态循环农业发展模式，全县80%的芒果园实现标准化有机种植，建设全国绿色有机晚熟芒果示范基地，全县7.8万亩通过国家无公害食品认证，1.88万亩通过绿色食品认证，1.35万亩通过有机产品认证；建立芒果深加工企业，延伸产业链增加附加值，发布全国首个芒果产区新华金沙芒价格指数构建了种植、加工、流通，全过程数据可控、可视的质量追溯体系；打造"绿色食品牌"，华坪芒果成功申报国家地理标志产品，先后荣获"全国名优果品区域公用品牌""中国农业品牌目录农产品区域公用品牌"，"丽果"牌芒果连续三年入选全省绿色食品"十大名果"。华坪芒果成功申报国家地理标志产品，并连续三年评为云南绿色食品"十大品牌"，成为云南省"一县一业"创建示范县和"中国特色农产品优势区"。

（三）"添绿增金"，打好绿色能源牌

华坪县立足金沙江中游六级电站水电资源富集优势，强力推进以隆基绿色硅材加工一体化项目为主导的清洁载能产业发展，加快推进清洁载能产业示范园园区增量配电网、基础设施、天然气管网等项目建设，全面完善基础设施建设和服务保障功能，着力提升项目落地承载力和招商引资综合竞争力，成功列入全国第一批增量配电业务改革试点、云南省清洁载能示范园区，清洁载能产值实现从0到55.83亿元的飞跃，累计就地消纳弃水电量11.7亿度，创造就业岗位5000余个，单位GDP能耗下降35%以上。

（四）"点绿成金"，打造健康生活目的地

华坪县立足温度、湿度、海拔度、洁净度、优产度、和谐度、多彩度、光照度、美誉度"九度"资源禀赋，依托美丽县城创建和全县生态绿色产业，加快全域康养旅游产业发展，加快建设"大香格里拉生态文化旅游经济圈阳光康养示范基地"。积极推进果子山农业休闲观光度假区、田坪蓝莓庄园等项目建设，成功创建鲤鱼河国家级水利风景和AAA级风景区，雾坪水库大坝获得"最高的软基大坝"吉尼斯世界纪录认证，成立华坪家之源康养服务公司，吸引北方"候鸟老人"来此过冬康养。同时，规划建设金沙江、新

庄河、乌木河3条乡村民族生态文化旅游廊道，完善吃、住、行、娱、乐、购等配套设施，打造全域旅游空间格局，提升康养旅游公共服务水平，优化康养旅游发展环境，形成更多的生态产业示范村、现代农业重点村、民俗文化特色村和休闲旅游精品村。

三、主要成效

（一）多措并举，生态环境明显改善

华坪县通过化解过剩产能，实施生态修复，发展绿色产业，解决了矿山开采活动引发的矿山地质环境日益恶化的问题，减缓区域生态系统功能的退化，使生态系统稳定、生态功能提高。境内金沙江流域年均输沙量从2005年的2.23亿吨下降到2019年的0.49亿吨，鱼类从2013年的35种上升到2019年的61种。金沙江水质稳定达到功能区划要求，水质达标率100%，水土流失和石漠化现象逐渐减少，森林覆盖率达72.66%。酸雨频率从7年前的58%下降至目前的2.56%，县城环境空气优良率达100%。昔日穿城而过的鲤鱼河成功创建为国家级水利风景区和AAA级风景区。过去烟雾缭绕、灰尘漫天的"黑色城市"，化身为天蓝、地绿、水清，风景宜人的省级园林城市。

（二）产业转型，生态产品价值日益显现

全县芒果种植面积达44万亩，居全国第二，全省第一，实现年产量39万吨，产值84亿元，其中农业总产值26.5亿元，加工产值57.5亿元。目前，华坪芒果亩产值由3170元提高到6280元，全县农村常住居民人均可支配收入从2017年的11332元增加到17033元。同时，良好的生态环境成为推进华坪新兴产业快速崛起的绿色引擎，工业已经从过去依靠简单、粗放开发煤炭资源的单一型产业，向以单晶硅为主的清洁载能产业转型升级，2019年，全县完成规模以上工业总产值58.6亿元，同比增长61.7%，全县地区生产总值从2017年的38.9亿元增加到101亿元，年均增长12.42%。随着能源结构调整升级，绿色产业的壮大，生态环境质量不断改善，2019年，华坪累计接待游客165.5万人次，实现旅游收入14.6亿元，三次产业比重从2013年的13.2∶61.8∶25调整到2019年的13∶44∶43。

（三）融合发展，人与自然和谐共生

风劲帆满海天阔，一幅新时代的华坪画卷正徐徐打开。依靠绿色转型走出发展之路的华坪青山如黛，绿水潺潺，先后荣获"全国百佳深呼吸小城""云南省园林县城""云南省文明县城""中国避寒宜居地""中国天然氧吧""全国两山实践基地"等称号，优美的景色成为最好的生态产品，全县人民的努力，生动实践了"绿水青山就是金山银山"的绿色发展观，逐步实现"山水林田湖草沙生命共同体"的理念，促进人与自然和谐共生。

四、经验启示

华坪县做好去黑变绿加减法，做足"护绿"乘法，筑牢长江上游生态安全屏障，实施生态修复工程，发展绿色产业，实现发展动能由黑色能源转为绿色能源，县域经济实现由"黑"到"绿"，"黑色产业"变"绿色产业"，转型成为依托"生态工业"致富的绿色生态产业县，形成极具特色的"华坪"模式，可适用于传统煤矿开采地区的产业转型及矿区修复，干热河谷及石漠化地区治理以及产业培植相结合的"金沙江百里芒果长廊生态修复模式"，生态农业开发的"专业合作社抱团发展模式"，农企合作共赢的"党支部+合作社+基地+农户"的"农企合作模式"，在守护绿水青山的同时，推动县域经济跨越式发展。

五、点评

在能源资源方面，华坪县将原来粗放发展的煤炭产业进行减量，促进煤炭企业转型，实现城乡以电代煤全覆盖，同时以科学为支撑推广光伏滴灌，助力农业标准化生产。此外，华坪县加快推进清洁载能产业示范园园区增量配电网、基础设施、天然气管网等项目建设，促进清洁载能产业蓬勃发展。华坪县通过能源"去黑增绿"突破困局走活转型升级之路，拓宽该地区高质量发展空间，把环境约束转化为绿色机遇。在生态发展方面，基于生态经济理论来看，要使生态经济系统保持相对平衡，就必须协调人与自然的关系，并注重合理开发和利用自然资源。华坪县围绕打好"绿色能源""绿色食品""健康生活目的地"三张牌，实现人与自然协调发展，坚定不移走生态优先绿色发展之路。无论是芒果产业的发展、旅游健康目的地的打造以及能

源的转型都有利于该地区的生态保护，生态环境的改善也进一步促进经济的发展，形成良性循环，进一步反哺整个地区的发展，实现保护与发展并进。从可持续化发展的角度来看，该地区能源资源的绿色转型，兼顾经济、环境、社会、自然等诸多因素，促进自身持续协调发展，也为全国能源经济转型建立基础，发挥了一定示范作用。从整体来看，该地区转型成为依托"生态产业"致富的绿色生态产业县，在守护绿水青山的同时，推动县域经济跨越式发展。

第二节　昆明市西山区引入社会资本整治废弃矿山案例

西山区牢固树立和践行"绿水青山就是金山银山"的绿色发展理念，围绕因地制宜、适地适树的原则，结合滇池流域及西山重点区域关停"五采区"治理修复工作，应用工程措施和生物措施为矿山增绿。积极引导扶持社会资本参与矿山治理修复和特色农业发展，推动现代苹果采摘休闲示范园建设。过去坑坑洼洼的废弃矿山已经披上了绿色的新外衣，变成了满山花果飘香的模样，苹果成了村民们的"致富果""幸福果"，推动着西山区实现"致富梦"。

一、案例背景

昆明市西山区矿产资源丰富，其中磷矿、石英砂等储量丰富、矿位集中、品位高、开采方便。20世纪中后期，因经济发展需要，辖区采矿业发展迅速，采矿带来经济效益同时，也对矿区植被造成了严重破坏。矿区周边山体常年裸露、沟壑满目、寸草不生，滑坡、山洪等地质灾害和塌陷事故时有发生，私挖盗采现象严重，给周边人民群众生命财产安全带来严重威胁。近年来，西山区认真践行绿水青山就是金山银山理念，按照"全面修复、重点提升、常态监管"原则，采取"政府引导、企业积极参与"的模式，对西山区团结乡磷矿矿区开展生态修复，并引入社会资本发展生态产业。通过多年的持续努力，昔日的废弃矿山转变为今天的绿水青山，黑色产业"退场"、绿色产业"接棒"，实现生态效益和经济效益双赢，成为政府鼓励社会资本履行社会责任参与生态治理实现生态价值的成功案例。

二、具体做法

（一）政府靠前引导，积极引入社会资本

为更好地推动团结乡矿区的修复和保护，利用原有荒山、矿业用地、林地等发展替代产业，充分调动社会资本的积极性，西山区按照50年的承包期，将717亩集体林地承包经营权，统一流转给辖区内的龙头民营企业，鼓励发展生态产业，打造多功能综合产业生态示范园，有效调动社会资本投资矿山生态修复和发展产业的积极性。

（二）民企积极参与，科学精准开展生态修复

为固定山体，防止地质灾害，采取工程和生物技术手段对矿区开展生态修复。开展土地平整、配土覆土、回填矿坑等工程，将矿区规划整理为适宜种植的规范地块，为产业发展奠定基础；开展清除危石、降坡削坡等稳定边坡工作，消除崩塌隐患，种植三叶草、香樟、石楠等植物防止水土流失；开展土壤改良，按标准培肥、起垄、回填等，覆土后预先种植油菜、绿肥、三叶草等豆科作物，配合使用土壤改良剂，提高土壤有机质含量，增强土壤保水保肥及抵抗水土流失能力；选择适合当地自然条件的新优苹果品种，进行260亩规范化栽培种植，通过水肥一体滴灌系统实施建设，提高水资源利用率，同时减少化肥农药用量，降低土壤及水污染，优化产业生态。

（三）是发展生态产业，实现一二三产有机融合

按照"生态优先，绿色发展"理念，依托修复后的自然生态系统，积极探索生态产品价值实现模式，由废弃矿山转变为现代农业种植示范园，形成"农业为基、工业赋能、服务业促增收"的三产融合发展运营模式。示范园经营标准化种植基地，在采收苹果带来固有农业经济的同时，延伸开发"团结鑫"品牌苹果酒、苹果酿、苹果脆、苹果汁、苹果派等产品。企业与西山区宣传部、文旅部门共同打造市区级最美阅读空间"馨果书屋"、引进全国连锁"嗨KING野奢营地"，开展非遗体验、星空露营、山地户外休闲拓展运

动等活动，培育壮大"旅游+"新业态，实现一二三产有机融合。

三、主要成效

（一）荒山变青山，生态环境明显改善

通过对历史遗留废弃矿山生态治理修复，示范园选址地填埋了100余个矿洞，使受损裸露山体景观生态系统得到有效修复，一块块大地"伤疤"被抚平，生态环境明显改善。示范园种植面积达260余亩，约3万余株苹果树，曾经的荒山变成今日的青山。同时，企业建立隔离网，也有效遏制了当地私挖盗采矿产资源的违法行为，避免国家矿产资源损失，降低了政府管护成本。

（二）青山变金山，生态产品价值外溢日益显现

通过矿山生态治理，生态产品所蕴含的内在价值正在逐步转化为经济效益。目前，示范园种植的苹果品质优良，苹果品牌"团结鑫"正向西南苹果领军品牌冲刺。2022年，示范园苹果综合产量约500余吨，产值500万余元。同时，随着生态环境的改善，带动了餐饮服务、农副产品销售、旅游等相关业态，形成了"生态+产业"的发展模式，仅2022年，集"休闲－观光－采摘－科普－示范"为一体的田园综合体即实现年收入1148万元。

（三）金山促发展，社会民生福祉不断增强

示范园项目建设实施后，年均增加周边农户就业约500人次，带动300余农户增收，户均增收2200元/年。同时，示范园免费普及推广的苹果种植先进管理技术，辐射团结片区及西山区周边富民、晋宁等区县，组织技术推广培训及现场观摩培训约5000人次，实现新技术推广种植约2000余亩，有效提升群众农业技能，社会民生福祉不断增强。

四、经验启示

（一）抓好顶层设计，重视任务执行

西山区从顶层设计到具体执行，打出一套组合拳。其一，以高标准统筹规范为统揽。制定《西山区滇池流域及西山重点保护区域关停矿山生态修复治理工作实施意见（2020～2025年）》瞄准攻坚重点难点；《关于印发西

山区中央第二轮生态环境保护督察涉及关停矿山生态治理修复项目攻坚方案的通知》等多项文件，确保长效机制。其二，以有力机制保障治理推进。成立西山区滇池流域及其他重点区域采石采砂采矿点关停和"五采区"治理修复工作领导小组，统筹推进全区生态治理修复工作。其三，以全方位监管助推治理工作：结合西山实际，创新建立多领域专家集中评审、职能部门联审联批制度，明确工作职责、流程及进度安排，按年度、分类别指导各矿山开展矿山治理修复，确保矿山生态治理修复工作全方位、多领域审批、监管到位。

（二）结合先进技术与管理，实现生态修复

矿山复绿不是一个简单的工程，西山区通过工程、生物等技术手段对被破坏的地质环境进行长期综合治理，聘请科研院所的专家作为专业支持团队，从改良土壤到品种引进，再到种植管理，采用现代农业技术和管理方式。同时，西山区将"乔、灌、藤、草"相结合，通过地质灾害治理，地块平整种草，偏坡种植格桑花、三叶草防止水土流失，在示范园周围种植香樟、石楠、清香木、滇朴等树种3万余株，全方位促进矿区裸露山体景观生态系统快速修复。

（三）发展生态产业，发挥资源价值

依托修复后的环境，将废弃矿山转变为现代农业种植示范园，发挥资源价值，促进人民增收致富。形成苹果产业生产加工链条，延伸出苹果酒、苹果酿、苹果脆、苹果汁、苹果派等产品，促进民生福祉不断改善。此外，通过开展非遗体验、星空露营等户外活动，培育壮大旅游产业新业态的发展，建立三产融合发展运营模式，有效发挥出资源价值。

五、点评

西山区当机立断关停"五采区"治理修复工作，采取工程措施和生物措施为矿山增绿，不仅以双山垭口"矿山复绿+现代苹果示范园"的生态修复模式创造出"矿山变青山、青山变金山"的生态建设奇迹，还按照政府主导、企业和社会各界参与、市场化运作、可持续的要求，打造集采摘、观光、科普、休闲、娱乐为一体的生态示范园；结合资源禀赋，加快"绿水青山"向

"金山银山"转化，结合生态经济理论，注重合理开发和利用自然资源，为探索生态产品价值实现机制提供"西山方案"。总的来说西山区通过多举措构建价值实现模式，使废弃矿山向高生态颜值、高质量发展蜕变，促进环境可持续发展，打造出一幅人与自然和谐共生的画面。

第三节 红河州个旧市阳山片区综合治理案例

逐绿之道，文明之阶。道阻且长，行则将至。由灰转绿、生态重建。红河州个旧市阳山片区正通过"高规格谋划、高标准推进、高水平打造"实现资源枯竭窘境中的"涅槃重生"，结合破立并举、保护与发展并行的思路，促进该地区焕发出无限生机，朝着可持续发展之路铿锵前行。

一、案例背景

个旧市素来以"锡都"的美名享誉全球，一直以来都是云南省重要的有色金属，特别是金属锡产品生产工业基地。矿业开发为经济建设作出巨大贡献的同时，自然生态环境也付出了沉重的代价。锡城街道老冠凹塘片区由于长期存在的矿产粗放开采、落后的加工过程与滞后的管理方式等多重原因，周边土壤重金属累积严重，荒草丛生、杂乱不堪，雨天污水横流、晴天尘土飞扬，周边群众生产生活苦不堪言，满目疮痍的废弃采选区成为全市人民心头上的一块"伤疤"，是个旧市城市发展之痛。近年来，个旧市委、市政府坚持以人民为中心的发展思想，深入贯彻落实"绿水青山就是金山银山"的发展理念对老冠凹塘采选区废弃矿山综合整治，把废弃矿山变成芳草鲜美、落英缤纷的生态公园，让绿水青山变成了金山银山，人民群众收获了满满的幸福感、获得感。阳山生态公园成了"两山"理念实践创新基地。

二、具体做法

（一）高规格谋划，用活政策做加法

个旧市始终坚持生态优先、科学治理、绿色发展的原则，坚决扛实政

治责任，先行先试，紧紧围绕"查、防、控、管、治"五个关键，突出重金属污染综合防治这一条主线，明确要求将该片区作为践行绿水青山就是金山银山发展理念的试点，将破败不堪的矿山转型建设为高规格的生态公园。同时，用活云南省土壤污染综合防治先行区建设这一政策，将废弃矿山生态环境治理项目与废弃砂石料综合利用、土地整理、城乡建设用地增减挂钩、工矿废弃地复垦等项目有机结合，并纳入个旧市森林质量精准提升项目，加快形成政策叠加效应，探索出了一条废弃矿山生态修复的新路子。

（二）高标准推进，综合整治做减法

个旧市采取整合小型选矿企业，关停、取缔无证照采选矿企业等多种有效措施，出台《个旧市冶炼废渣管理办法（试行）》，扎实推进重金属污染问题治理。阳山片区关停、拆除选矿企业18家，拆除废弃厂房2.4万平方米，平整绿化场地近20万立方米，在彻底切断污染源头的同时，盘活现有存量废弃矿山，通过废弃矿山综合治理、通道面山绿化等方式，有效控制了废弃矿山的环境风险，彻底改变了阳山片区"散、乱、污"的面貌，城市"伤疤"由灰转绿。

（三）高水平打造，公园建设做乘法

个旧市坚持"人民城市人民建，人民城市为人民"理念，有效整合各类资金，激励和吸引社会资本投入，累计投资3600余万元，实施阳山东侧重点区域植被恢复工程项目。探索推行"党组织+以点带面+土地流转"的强村复绿工作方法，创新了土地流转助力生态环境治理新模式。同时，按照以"党建引领、凝聚人心、共建共享、服务党群"为宗旨，积极多方筹措整合项目资金建成了锡城街道阳山党群综合服务中心暨生态文明展览馆，提升了便民服务功能。建成占地430余亩，内含生态景观、滨湖景观、田园休闲、健身运动等功能区域的阳山生态公园，成为一个四时常新、季季有景，生态环境良好，亲水性和包容性强的绿色休闲空间。

三、主要成效

（一）新举措带来新生机

阳山片区通过有效治理废弃矿山，栽培乔木，灌木，水生植物，地被

植物。周边环境的改善，取得了良好的生态效益。让满目疮痍的废弃采选区"蝶变"为环境宜人的生态公园，培育了绿色发展新的生机。

（二）新模式带来新红利

阳山片区探索"体育+旅游""康养+旅游"的发展模式，引入社会资本建成600余平方米户外活动平台，引进阳山时光自助烧烤游乐园、偶屿阳山书院餐厅、阳山小院等5家经营主体，公园周边居民通过提升改造自家房屋开办18家农家乐，以增添绿色，增长经济的"双增"模式，将自然生态优势转化为经济发展优势，搭建起绿水青山与金山银山之间的桥梁，让外来游客、个旧市民、周边村民共享生态红利。

（三）新思路带来新形象

结合锡文化历史，阳山生态公园新增了矿山火车、矿兜、轨道等"矿山符号"，将公园打造成为新的网红打卡点。把原来的废弃矿山建设成绿水青山，变成老百姓家门口的金山银山，探索走出一条生态建设与乡村振兴深度融合、"生态美"与"百姓富"并进双赢的绿色发展之路，让市民们亲身感受到城市变得更加美丽、宜居，在绘就"世界锡都·宜居个旧"的美丽画卷上增添了浓墨重彩的一笔。

四、经验启示

（一）规划部署有力

阳山片区抓住废弃矿山，突出重金属污染综合防治这一条主线，侧重点明确。此外，合理规划用途，将废弃矿山转型建设生态公园，这一举措让该地区生态环境有了极大的转变。结合政策，对废弃矿山进行污染综合规划治理，探索出有效有力的生态修复新道路。

（二）发挥党建作用

阳山片区探索推行"党组织+以点带面+土地流转"的强村复绿工作方法，按照以"党建引领、凝聚人心、共建共享、服务党群"为宗旨，积极多方筹措整合项目资金建成了锡城街道阳山党群综合服务中心暨生态文明展览馆，提升了便民服务功能。充分发挥党建引领、组织领航、党员带动优势，大力推进基层治理体系和治理能力现代化建设。

（三）推进绿色治理

把原来的废弃矿山建设成绿水青山，优良的生态环境带动旅游产业发展，充分发挥资源比较优势，最好实现"生态美"与"百姓富"并进双赢的绿色发展之路。

五、点评

红河州个旧市阳山片区紧紧围绕"查、防、控、管、治"五个关键，突出重金属污染综合防治这一条主线，用活政策做加法；取缔无证照采选矿企业等多种有效措施，综合整治做减法；提升绿色休闲空间，实施公园建设做乘法。红河州个旧市阳山片区综合治理成效显著，由废弃的矿山向生态公园转型，将满目疮痍的"城市伤疤"蜕变成现在绿草如茵，繁花似锦的景象。阳山生态公园项目的实施，为个旧市由点及面积累了相关治理经验，为后续全面开展空间修复治理奠定了坚实的基础，为全国其他地区废弃矿山治理修复发挥了典型的示范作用。该地区的治理模式与可持续发展之路相契合，结合资源优势发展生态景观、滨湖景观、田园休闲、健身运动等功能区域的阳山生态公园项目，走出了一条有效发挥资源经济价值的道路。

第四节　云南发展壮大高原特色农业案例

云南地处低纬度高原，垂直气候特征鲜明，光热、生物资源丰富，让云南成为北半球农业资源最富集的区域之一，也为高原特色农业发展提供了沃土。云南立足多样性资源这一基础，将资源优势不断转化为经济优势，发展壮大高原特色农业。

一、案例背景

（一）发展背景

云南农业生产历史悠久，但经历了起伏曲折的历程。直到党的十一届三中全会之后，云南农业生产和农业经济才开始进入快速发展时期，云南提出"稳粮调结构，提质增效益"的思路，茶叶、甘蔗、蔬菜、橡胶、花卉、水果、香料、药材、畜牧水产等特色产业开始进入发展的快车道，为发展高原特色产业打下了坚实的基础。

党的十八大以来，尤其是2015年1月、2020年1月，习近平总书记两次亲临云南考察，为云南发展农业特色产业指明了方向。习近平总书记要求云南立足多样性资源这个独特基础，打好高原特色农业这张牌，做强高原特色现代农业。牢记总书记的殷殷嘱托，云南省委、省政府高瞻远瞩，求实创新，做出了打造世界一流"绿色食品牌"的重大决策部署。打造世界一流"绿色食品牌"正是让独特的自然环境赋能农业，抓牢"特"点，成就"强"业，推动高原特色现代农业高质量跨越式发展。

（二）发展基础

1.资源优势独特

一是气候类型上，云南立体气候特征鲜明，"一山分四季，十里不同天"，囊括了从热带雨林到高山寒带的各种气候，全国绝无仅有。二是光热条件上，年平均光照每平方米达90至150千卡，是全国光照资源最丰富的省份之一。三是水资源上，总量1800多亿立方米，居全国第三，大部分地区年降水量在1100毫米以上。四是土地资源上，人均耕地2.05亩，高于全国平均水平0.6亩；土体深厚，保水保肥性强、透气性好，土壤有机质在1.5%至3.0%，平均含量比全国高0.87个百分点，非常适合发展特色农业。五是物种资源上，主要栽培植物500多种，野生观赏植物5300多种，72个畜禽资源列入国家名录，有记录的鱼类635种，均居全国第一；拥有新中国成立以来我国自主培育的首个三元杂交肉牛新品种——云岭牛，中国第一个肉用黑山羊新品种——云上黑山羊。

2.区位优势突出

云南地处我国与东南亚、南亚三大区域的接合部，与缅甸、老挝、越南接壤。中老铁路开通以后，从边陲末梢变为对外开放最前沿。依托中老铁路，云南正形成以昆明为中心、东连西部陆海新通道、西接孟中印缅经济走廊、南出辐射东盟国家、北上连通成渝双城经济圈的开放格局，云南省大量的蔬菜、水果等农产品通过中老铁路远销东南亚国家。2023年1～11月，云南省农产品出口额153.2亿元，占全省进出口贸易总额的17.8%。

3.产业聚集优势凸显

云南已构建起"1+10+3"为重点的特色产业体系，粮食、茶叶、花卉、蔬菜、水果、中药材、牛羊、生猪、烟草9个产业全产业链产值都突破了1200亿元，农产品加工产值与农业产值之比达到2.1∶1。全省农业企业达16.4万户，农民专业合作社达6.9万家，家庭农场达8.4万个。其中，国家级龙头企业有73家，实现16个州（市）全覆盖；全省农业产业化龙头企业达7367家，129个县（市、区）全覆盖。卓莓、柒瑞结、科思达、联想佳沃等知名企业纷纷在云南布局，带动全省发展小浆果生产基地25万亩；温氏、牧原、正邦、东方希望等养猪巨头落地云南；上海鹏欣、双友牧业、东方皓月等在云南投资发展肉牛产业；蒙牛、伊利、新希望、君乐宝、欧亚、来思尔等奶业企业在云南发展；广东春沐源、百果园、北京宏福等在云南投资发展高端设施蔬果。

4.品牌优势彰显

全省累计获准国家地理标志保护产品65个，注册地理标志证明商标347件，登记农产品地理标志86个，关联产业产值达128.59亿元。昭通苹果、普洱茶、保山小粒咖啡、蒙自石榴入选国家农业品牌精品培育计划，文山三七、宣威火腿等10个产品入选中欧地理标志协定保护名录，普洱茶荣获中国地理标志农产品（茶叶）品牌声誉评价核心成果及百强榜第1名，12种"土特产"进入全国175种"土特产"推介名录，普洱景迈山古茶林文化景观成为中国第57项世界遗产，"绿色云品·产地云南"认同度美誉度不断提升。

5.政策优势强劲

云南省委、省政府聚焦特色重点产业，建立"一个产业一个工作组、一个专家组、一个三年行动或配套政策、一批基地、一批龙头企业、一个调度机制""六个一"工作机制，已出台"茶十条""牛九条""咖六条""奶六条"、金融支持肉牛产业发展、联农带农奖补等政策措施，即将出台设施农业等支持政策。2022年，省级直补经营主体奖补资金7.6亿元。同时，创新推出"一部手机云企贷""云花贷""活牛贷"等金融产品。2023年，涉农贷款余额同比增长13.4%，高于全省各项贷款增速9个以上百分点。

二、具体做法

（一）坚决扛牢责任，不断提升粮食供给保障能力

1.坚持党政同责，全力保障粮食安全

云南制发《云南省贯彻落实〈地方党委和政府领导班子及其成员粮食安全责任制规定〉分工方案》文件，不断健全党委统一领导、政府具体负责、行业部门协调推进的"抓粮"机制。优化粮食生产布局，稳定提升水稻、玉米等主粮供应能力，积极推广杂交稻旱种，扩大大豆和油料生产，发展特色粮食作物。全省粮食种植面积持续稳定在6200万亩以上，全省人均粮食占有415公斤，达到国际公认的400公斤粮食安全线。

2.加强耕地保护，守住粮食安全"命根子"

加快推进高标准农田建设，持续完善农田基础设施，2019～2022年，全省建成高标准农田1683.06万亩，超额完成建设任务。实施耕地质量保护与提升行动，着力提升耕地质量，全省亩均粮食产量从2014年的282.3公斤提升至2022年的310公斤。建立通报、挂牌、约谈、冻结、问责"五项机制"，采取"硬措施"全力保护耕地。根据第三次全国国土调查成果，全省耕地面积8067万亩，其中可长期稳定利用耕地6379万亩。

3.强化财政支撑，充分保护和调动农民种粮积极性

2022年共筹措130.15亿元支持粮食生产、同比增10.5%。其中，省级财政配套实际种粮农民一次性补贴和大豆玉米带状复合种植、杂交水稻旱种等补助5.75亿元。不断推进农业保险"扩面、增品、提标"，2020年以来累计提供风险保障4059.8亿元，三大主粮作物承保覆盖率超过40%。切实抓好补贴到户、农资供应、防灾减灾等保障工作，严格执行国家粮食最低价收购政策，提高农民种粮收益，持续增强农民种粮信心。

4.鼓励农业走出去，建设境外粮食生产供应基地

深化与周边国家合作，加快云南农业"走出去"步伐，推动跨境农业稳步发展。截至2022年底，全省共有农林牧渔业对外投资企业273家，实际对外投资11.2亿美元。积极争取国家粮食进口关税配额和替代种植返销进口计划，建设境外粮食生产基地，云南在缅甸、老挝北部种植粮食替代企业从2014年的29家增加到2022年的69家，稻谷、玉米、薏米等种植面积从2014年

的103万亩增加到2022年的462万亩。

（二）立足资源优势，积极发展多样性农业

1.抓政策引导，加快产业培育

云南实施产业兴村强县行动，推进主导产业集聚发展。2019年以来，每年投入一定资金创建多个"一县一业"示范县，加快形成具有区域特色的农业支柱产业。对重点产业实行"一业一策"，省级资金直达主体精准兑付，出台"茶十条""牛九条""猪九条""咖六条"等奖补政策，推动特色农业不断提质增效，茶叶、花卉、蔬菜、水果、中药材、牛羊、生猪、烟草8个产业全产业链产值均突破千亿元，年均增幅超过27%。

2.抓基地建设，提高产品品质

云南在"特、专、精"上做文章，持续推进茶叶、花卉、蔬菜、水果、坚果、中药材等1888个特色产业基地建设。云南已成为全球三大优质鲜切花生产区之一、全国"南菜北运"的重要生产基地和牛羊、生猪生产大省，建成了以蓝莓、树莓、草莓等小浆果以及核桃、澳洲坚果为代表的高端水果和坚果生产基地，烤烟、茶叶、天然橡胶、咖啡、核桃、澳洲坚果、中药材种植面积和产量均居全国前列。

3.抓精深加工，增加产品附加值

坚持"农头工尾"，围绕重点产业布局，支持产地初加工提升、深加工延链和加工园区建设，推动农产品加工向优势产区聚集，促进特色产业向高附加值领域延伸。

4.产销衔接，拓展市场空间

健全产销衔接、线上线下融合的农产品供应链，形成线下线上协同发力推动"云品出滇"的良好格局。云菜的七成销往全国150多个大中城市，粤港澳大湾区蔬菜供应量近40%来自云南；农产品网络零售额406.5亿元，同比增长13.48%；水果产量超1300万吨，外销占比达70%，柑橘、葡萄、蓝莓等果品全年时鲜供应；肉类总产量520.33万吨，外调生猪443.4余万头，"饮云茶、品云果、喝云咖"进入新生代人群"消费清单"。

（三）树牢绿色发展理念，促进农业生产方式转变

1.坚持绿色兴农，转变生产方式

云南以九大高原湖泊流域为重点，"一湖一策"推进农业绿色发展，

带动全省农业绿色转型。在滇池流域推进花卉产业转型升级，探索绿色高质高效发展新模式。在洱海流域推广绿色种植，探索"种养旅结合"农业面源污染治理模式。在异龙湖流域推进"零化肥、零化学农药、零激素"蔬菜试点，探索蔬菜绿色发展新路径。持续推进农药化肥减量行动，全省化肥农药使用量连续6年实现负增长。

2.坚持质量兴农，确保"舌尖安全"

扎实推进农业标准化生产，建立完善蔬菜、水果、茶叶、畜禽和水产品5大类品种，2万余家重点食用农产品主体名录。持续抓好农产品质量认证工作，绿色食品有效获证产品数提升至全国第七位，有机农产品有效认证数和获证市场主体数均居全国前列。构建完善"抓源头治理、重生产规范、强市场监管、严违法查处"监管体系，对重点食用农产品实施精准监管。全省所有涉农乡镇设立农产品质量安全监管公共服务机构、行政村设有农产品质量安全协管员，农产品质量安全检测机构"双认证"通过率86.6%，省级农产品质量安全例行监测合格率超98%。

3.坚持科技强农，赋能产业发展

扎实推进种业振兴行动，实施种源关键核心技术和育种联合攻关，选育一批优良品种。云南花卉自主知识产权品种授权数居全国前列，自主选育的"滇禾优615"实现杂交稻"上山"，采用三元杂交方式培育出优质肉用牛品种"云岭牛"；健全行业部门与科研院所联动机制，构建茶叶、花卉、水果、蔬菜等22个现代农业产业技术体系；实施"万名人才兴万村"行动，加强科技指导和示范推广，主要农作物良种覆盖率稳步提升，早熟油菜单产456.5公斤；加快发展高效设施农业，高端设施花卉最高亩产值可达20万元以上、蓝莓等小浆果可达10万元以上。

4.坚持品牌强农，提升发展效益

实施农业品牌建设工程，持续加大名品名企评选、地理标志产品培育等支持力度，培育更多品质优良、特色鲜明、名片响亮的品牌。从2018年起，连续5年推介"十大名茶""十大名花""十大名菜""十大名果""十大名中药材"品牌，重点推介70家绿色食品"十强企业"、20家"创新企业"。加强农产品地理标志管理和农业品牌保护，普洱茶、小粒咖啡等10个产品入选中欧地理标志协定保护名录。建立"绿色云品"品牌目录制度，711个品牌纳入管理。普洱茶品牌价值排全国前列，"斗南花卉"成为亚洲乃至世界鲜切花风向标。

（四）以促农增收为根本，持续增强产业带动能力

1.发展产业带动增收

坚持产业优先发展导向，2021年、2022年脱贫县统筹整合财政涉农资金用于产业发展的占比均达58%以上，有力促进农村居民和脱贫人口持续增收。编制实施脱贫县特色产业发展规划，因地制宜扶持脱贫地区培育26个主导产业，推动每个脱贫县形成2～3个特色优势产业，带动户均参与2个以上农业产业，基本实现全脱贫户产业全覆盖。全省脱贫人口人均纯收入从2014年的2421元提高到2022年的14147元；全省农村居民人均可支配收入从2014年的7465元提高到2022年的15147元。

2.建立机制稳定增收

创新推广企业绑定合作社、合作社绑定农户的"双绑"利益联结机制。通过培育壮大市场主体持续增强联农带农能力，农业龙头企业、农民专业合作社分别由2014年的3096家、28784家增加到2022年的6204家、68381家。通过订单生产、土地流转、就业务工、生产托管、股份合作等方式，推动各类主体与163万户脱贫户建立利益联结，基本实现每户脱贫户至少有1个新型经营主体带动。2014～2022年，全省脱贫人口人均生产经营性收入增加1243元、年均增长6.51%；全省农村居民人均经营净收入从4242元增加到7379元，占2022年可支配收入的比重为48.7%。

3.三产融合促进增收

在做优做强种养业的基础上，以建设现代农业产业园、农业产业强镇和"一村一品"村镇为抓手，积极拓展农业多种功能和增值增效空间。2014～2022年，全省一二三产业比例由14.3∶38.3∶47.4调整到13.9∶36.2∶49.9。支持村级集体经济组织通过自主开发、合资合作、为小农户提供社会化服务等方式，带动农户增收。培育休闲农业，发展特色种养、手工、农村电商等县域富民产业，带动脱贫人口就地就近就业增收。2014～2022年，全省脱贫人口人均工资性收入增加9051元、年均增长45.04%；全省农村居民的工资性收入从1976元增加到4928元，占2022年可支配收入的比重为32.5%。

三、主要成效

（一）茶叶

云南省茶园面积、产量居全国第一，全产业链产值1360亿元。有机化、绿色化水平不断提高。2015年以来，有机茶认证叶面积占全省茶园总面积22%以上，成品茶认证产量占全省47.5%，均持续稳居全国第一。《中华人民共和国林业行业标准 古茶树》（LY/T 3311—2022）、《云南省古茶树保护条例》已经实施，全省古茶树资源保护和利用推进有力有序。在科技支撑、初加工、精深加工等还存在短板，在生态茶园优质产品开发还有很大的空间。

（二）花卉

全省鲜切花面积、产量居全球第1，全产业链产值1200亿元。斗南花卉市场多年保持亚洲最大花卉交易集散中心地位。绿色转型持续推进，滇池流域"公司+村集体经济+农户"发展模式为花卉产业设施化提升起到良好示范作用。云南获得国家授权及在省内登记注册的自主培育花卉新品种950余个，引进推广新品种1000余个，品种创新能力位居全国第一，花卉品种国产化持续获得提升。

（三）蔬菜

全省蔬菜种植面积、产量分别居全国第10、11位，全产业链产值1983亿元，约70%的蔬菜产品销往全国150多个大中城市和40多个国家（地区），以滇中为主的常年蔬菜优势产区，以滇南、滇西和低热河谷地区为主的冬春蔬菜优势产区和以滇东、滇东北为主的夏秋蔬菜优势产区，能够实现周年供应。

（四）水果

全省水果种植面积1150万亩，产量1300万吨，全产业链产值1607亿元，世界水果业界公认的"水果天堂"，已成为全国中高端水果一流产区，果品出口稳居全省农产品出口前列，出口额占全省农产品出口总额的40%，占全国果品出口额的25%以上，柑橘、葡萄等果种出口量常年位居全国第一位。鲜果实现"四季生产、周年供应"，形成了"水果+"的产业发展模式，以蒙自甜石榴栽培系统、云龙古梨园、巍山红雪梨栽培系统为主的农业文化遗产，以弥勒市葡萄景观为主的中国美丽田园，以昭阳区苹果产业乡村振兴示范园区、蒙自市石榴产业乡村振兴示范园区为主的乡村振兴示范园，以嘎洒花腰小镇、昭阳洒渔苹果小镇等特色水果产业小镇。

（五）咖啡

全省咖啡面积、产量、产值居全国第一，占比98%以上，全产业链产值462亿元。2023年，咖啡生豆精品率21.1%，生豆价格每公斤37.5元，高于纽约交易市场期货价30%以上。2022年，全国咖啡消费量达28.80万吨，占全球的2.86%，居全球第7位，消费量同比上涨14.3%，国内咖啡消费市场潜力巨大。

（六）中药材

云南中药材面积、产量居全国第一，是国际药材之都、中国药材宝库，亦是全国中药材主产省份之一，全产业链产值1840亿元。其中，三七、滇重楼、灯盏花、铁皮石斛、砂仁、天麻、云茯苓、云当归、云木香、滇龙胆十个道地药材集群化发展快速，形成昆明高新区、玉溪高新区、楚雄经开区、文山三七产业园等一批特色"云药"产业集群，示范引领云南中药材产业高质量发展。

（七）其他方面

云南也是冬早鲜食玉米、冬春马铃薯生产的"黄金区"和最大的基地。蔗糖、生猪、牛羊、坚果、天然橡胶、乡村旅游等产业发展基础好，在全国都有一定影响力，也是重点发展打造的产业高地，其发展成效良好。

四、经验启示

（一）多元化举措保障粮食稳产高产

云南高度重视粮食生产，把粮食生产作为"三农"工作的首要任务和头等大事，在组织领导、政策资金保障、科技措施落实等方面均加大工作力度，加强耕地保护，持续完善农田基础设施。结合农业供给侧结构性改革，调结构补短板，提升粮食综合产能。

（二）将农业特色资源转化为优势产业

云南努力将资源禀赋转变为兴边富民的优势农业产业。实施产业兴村强县行动，推进主导产业集聚发展。在"特、专、精"上做文章，以茶叶、咖啡、花卉、蔬菜、水果、药材等为代表的特色产业不断转型升级，加强三产融合发展，使云南农业产业特色更加彰显、优势更加突出。

（三）强化农产品提质增效促进品牌培育

云南构建完善"抓源头治理、重生产规范、强市场监管、严违法查处"监管体系，扎实推进农业标准化生产，助力农产品提质增效，进一步提高安全优质农产品的品牌影响力和市场占有率。严格把关，坚持农业品牌建设，促进"云系""滇牌"影响力不断提升，培育更多品质优良、特色鲜明、名片响亮的品牌。

（四）推进绿色兴农、科技强农

云南根植绿色，探索绿色高质高效发展新模式，探索"种养旅结合"农业面源污染治理模式，实施良田沃土强基、绿色发展引领、设施农业提升等工程，让"绿水青山"产出更多优质生态产品。坚持科技强农，推进种业振兴行动，实施技术创新集成推广工程，把科技创新这个"关键变量"转化为高原特色农业发展的"最大增量"。

五、点评

云南聚焦资源优势独特、区位优势突出、产业聚集凸显、政策优势强劲等发展基础，做大做强高原特色现代农业。在确保粮食安全基础上，抓政策引导、抓基地建设、抓精深加工、抓产销衔接来发展多样性农业，加快推动高原特色农业"绿色崛起"，聚产业、稳机制、抓三产融合增强产业带动能力，助农增收。首先，粮食安全事关国运民生，粮食安全是国家安全的重要基础。云南做强高原特色农业，不断提升粮食供给保障能力，为中国特色粮食安全之路越走越稳健、越走越宽广奠定基础。其次，云南集聚资源、气候、地势等差异化、个性化先决条件，为多样性农业发展创造机会，大力发展特色化的多样性农业正逢其时。再次，根植绿色，加快推动高原特色农业"绿色崛起"，让"绿水青山"产出更多优质生态产品惠及全国，既符合农业可持续发展的目标要求，又切实保障人民的生活健康。根据生态经济理论，生态系统的再生产是经济系统再生产的基础，它决定着经济系统发展的规模与速度。由此可见，高原特色农业以绿色生态为引领，促进农业资源的持续发展与利用，是一条资源利用与经济发展相协调的道路。最后，产业兴旺，农村才能更富裕，百姓生活才会更幸福，云南省高原特色农业的发展聚焦资源禀赋、可持续的发展理念，成效显著，拓宽老百姓致富增收的渠道，为促进农民收入持续稳定增长，实现农业高质高效，农民富裕富足发挥着一定的引领作用，也为其他地区农业向好发展奠定基础，提供云南做法与经验。

第五节　红河州元阳县阿者科村农文旅融合发展案例

近年来，阿者科村依托特殊的地理区位、丰富的自然资源和独特的民族文化，以保护自然生态和传统文化为基础，以发展"内源式村集体主导"旅游产业为重点，探索出了独特的土地利用方式，在哈尼梯田世界文化遗产区内形成了森林、村寨、梯田、水系"四素同构"的自然生态循环系统。在保护中开发、在开发中保护，把优质生态产品的综合效益转化为高质量发展的持续动力，走出了一条生态保护、文化传承、经济发展、村民受益的农文旅融合发展之路。

一、案例背景

阿者科村始建于1855年，地处云南省红河州元阳县哈尼梯田世界文化景观核心区，属于新街镇爱春村委会，至今已有160余年历史，面积1.43平方公里，海拔1880米，水田568亩，森林598亩，水资源丰富；全村65户481人，均为哈尼族。

阿者科村因其保存完好的四素同构生态系统、自然景观系统、独特的哈尼传统民居聚落空间景观和悠久的哈尼传统文化底蕴，成为红河哈尼梯田遗产区五个申遗重点村落之一，也是第三批国家级传统村落，第二批全国乡村旅游重点村。2018年，立足于境内丰富自然文化资源和生态资源，元阳县委、县政府以阿者科村为试点，用活用好梯田自然资源风光、传统村落保护与乡村旅游发展紧密结合，实现遗产保护与经济发展双推进，为践行绿水青山就是金山银山理念再次开辟了新的空间，提供了新的平台，使哈尼梯田遗产区释放出越来越丰厚的生态红利。

二、具体做法

（一）模式优化搭建起保护发展新格局

元阳县坚持"科学规划、适度开发、永续利用"的发展理念，特邀高校专业团队为乡村旅游发展制定先行规划。2018年1月，元阳县人民政府邀请中山大学旅游学院保继刚教授团队为阿者科村专门编制了《阿者科计划》。为充分发挥阿者科村独特的旅游资源优势和提升旅游发展组织化程度，阿者科计划实行内源式村集体企业主导的开发模式，由县政府指派青年干部，协同保继刚教授团队派出的技术人员，共同驻村组织村民成立了村集体旅游公司，65户村民以梯田、房屋和生活方式等旅游吸引资源入股，由村民选出"致富带头人"作为公司法人代表，参与公司运营管理。村集体公司与村民签订旅游合作协议，组织村民运营管理村落业态，培训村民提升旅游服务素养，每年面向居住村民举办旅游发展分红大会。村民对"四素同构"遗产价值的认知、情感显著增强，参与村落保护的意识和程度明显提高，民族身份认同、文化自觉自信更加强烈，村级党组织和村集体公司的凝聚力、号召力、影响力不断凸显。"内源式村集体企业主导"模式，强化和保障了村民在保护利用哈尼梯田文化遗产中的主人翁地位，为政府引导和技术援助提供了微创平台，走出了一条安民、惠民、富民的传统村落旅游发展路子。

（二）精品定制探索出保护发展新路径

阿者科村定位精品旅游接待，合理控制客流规模、商业化程度及发展速度，在保持村落原真性和遗产完整性的基础上，实现精品增长。通过对村内自然资源、人文资源、周边梯田生态资源进行梳理、保护和利用，科学开发深度定制旅游项目，推出"自然野趣、传统工艺、哈尼文化"3个主题的活态文旅体验项目，含梯田徒步、梯田捉鱼、识草药、插秧、草编、纺线、染布、踩石碓、长街宴、拜访非遗等19种精品活动，实现旅游项目菜单式管理，游客可根据需求"点单"。游客进入阿者科村，既能赏梯田，又能深度探索自然山水、哈尼族传统文化以及农耕文明，满足了城市游客回归自然的本真需求、激发了游客心灵深处的乡愁记忆，有效顺应了元阳梯田景区从观光旅游向沉浸式体验旅游过渡的发展需求和目标。所有体验活动均交由村民来组织开展，部分活动交由全村村民轮流开展，保证参与公平性，村民可从中获得收益提成，从而有效调动村民参与旅游的积极性。目前村内正在积极探索文创产品开发及土特产品销售，意在发挥旅游产业对周边农业、手工业等的带动作用。阿者科的旅游发展有效盘活了古村落沉睡的自然及人文资源，实现了从资源到产品的转化，同时促进了遗产保护传承及乡村经济发展。

（三）分红细则释放着保护发展新红利

过去哈尼梯田旅游发展一直面临着利益联结机制不顺畅、利益分配难平衡的瓶颈，相关利益主体对遗产话语体系缺乏共识，村民参与哈尼梯田保护利用的积极性不高，一定程度上制约了遗产保护水平。为此，《阿者科计划》突出了利益分配问题，并由坚守留下原住民的底线开启了居住分红的创新实践。阿者科分红细则明确，旅游经营利润三七开，30%由村集体公司留成，用于后续管护建设及壮大集体经济，70%分给全村65户村民。为激发村民对遗产资源的内生保护动力，归村民的分红再分四部分执行，传统民居分红40%，梯田分红30%，居住分红20%，户籍分红10%。同时，通过旅游发展村集体公司为村民创造就业岗位14个，村内孵化出住宿、餐饮、民族服饰等多家个体经营户，绝大多数村民通过承接旅游体验项目获得直接收益，通过利益分配机制与遗产保护细则的绑定，有效提升了村民对乡村旅游发展的认同感和参与度，有力保障了"四素同构"生态环境的原真性、完整性和可持续性，有效维系了传统习俗和生活生产方式的基因传承，为践行绿水青山就是金山银山理念打开了新的突破口。

（四）多点开花齐头并进打造旅游新业态

阿者科村所属世界文化遗产哈尼梯田核心区，有着丰富的生态景观及人文资源。近年来，元阳县坚持以AAAAA级旅游景区创建为"推手"，依托元阳哈尼梯田景区知名度及世界文化遗产·千年哈尼梯田品牌效应，深入探索旅游业态发展，按照"一村一品""一村一特色""一村一基地"的新发展要求，围绕景区特色村寨及村貌亮点，辐射带动发展乡村旅游，以农耕研学、非遗文化、民宿体验、文创购物、哈尼美食等旅游产品，不断丰富旅游业态体验，满足游客"吃、住、行、游、购、娱"需求，从而吸引大量游客，燃爆旅游市场。阿者科村以珍贵富饶的梯田风光、自然生态及人文资源为发展基础。在不破坏、不改变资源状态的前提下发展旅游，将资源所蕴含的价值有效转化为经济价值，为村庄叠加了旅游收益，提升村内人居环境，为村民的务农生计提供了重要补充，使得百年古村和千年梯田重新焕发出新生机。如今，《阿者科计划》已然是乡村振兴、传统村落保护、农文旅融合发展、农耕技艺传承四位一体同步推进、协调发展的重要举措，是乡村振兴的一种创新模式，是践行习近平总书记绿水青山就是金山银山发展理念的活样板。

三、主要成效

（一）自然生态和人居环境持续向好

借助"阿者科计划"的实施和政府的帮扶投入，阿者科村建立了"保护者受益、受益者保护"的利益导向机制，村民尊重自然、保护自然的理念进一步加强，自然生态环境持续向好，人居环境不断改善，村内顺利完成了公厕改建、水渠疏通、房屋宜居化改造等工作，共修复梯田12亩，栽种林木2730棵，水质监测指标达到地表水Ⅱ类标准，自然生态系统提供物质供给、调节服务、文化服务等类型生态产品的能力不断增强，留住了以哈尼梯田农耕文化为魂、美丽田园为韵、生态产业为基、古朴村落为形的世界文化遗产景观，形成绿色发展和宜居生活相互融合的和谐格局。

（二）脱贫攻坚和"两山"转化成效显著

通过生态保护与乡村振兴、传统文化传承的同步推进、协调发展，阿者科村将生态产品所蕴含的内在价值逐步转化为经济效益，促进了村民就业增收，带动了全村摆脱贫困和发展集体经济，成为新时代生态文明建设的生动实践。2019年2月至2021年3月，全村实现旅游收入91.7万元，其中村民分红64.2万元，户均分红1.003万元；实施"稻鱼鸭"综合生态种养，亩均产值达到8095元；为建档立卡贫困户村民创造就业岗位13个，2020年全村贫困人口全部脱贫，人均可支配收入7120元，同比增长31.6%。同时，村民回村发展的积极性与日俱增，已有近十户村民回村就业创业，村庄"空心化"问题逐步改善。

（三）文化影响力和综合效益不断放大

阿者科计划实施后，村内分红细则规定村民不得将房屋、梯田出租，鼓励村民持续耕种并继续居住在村内，有效解决了核心人文内涵丢失和文化传承断档等问题。随着旅游产品的开发，哈尼族以祭水、祭田和祭神林为代表的传统祭祀活动、以木刻分水为代表的传统生产制度、以摩批和咪咕为代表的活态文化传承、以乡土建筑工艺、服饰制作和刺绣为代表的传统手工艺等，都通过游客体验和市场传播等方式得以长久保护和传承。在短视频平台上，阿者科村的视频累计播放量超过了1000万次，点赞超过46万次，原本"远在深山无人识"的阿者科村变成了远近闻名的"网红村"。"阿者科计划"被确立为全球旅游减贫的一个中国解决方案，于2019年10月入选教育部第四届直属高校精准扶贫、精准脱贫十大典型项目，先后荣获"中国美丽休闲乡村""中国少数民族特色村寨""全国乡村旅游重点村""生态产品价值实现典型案例"等称号。"阿者科计划"上榜央视纪录片《告别贫困》《中国的世界文化遗产》、新华社大型纪录片《中国减贫密码》、央视纪录频道《秋天的故事》。2021年6月，"阿者科计划"创造的减贫模式入选了全国高考乙卷文综题。2021年7月，阿者科村的减贫故事入选中国共产党与世界政党领导人峰会暖场片。2022年12月，阿者科计划团队参加联合国举办的世界生物多样性大会，代表中国介绍生物（文化）多样性保护、旅游开发与社区惠益共享的模式经验，扩大了文化影响力和综合效益。

四、经验启示

一是抓好生态保护，重视合理开发。加强对哈尼梯田"四素同构"生态系统的保护，立足绿水青山生态资源优势，巧妙利用山水风光及生态资源，打造生态村落、生态景点，不断凸显生态资源优势。

二是注重村落管理，规范经营行为。阿者科村的旅游发展坚持四条基本原则，即不租不售不破坏，不引进社会资本，不放任本村农户无序经营，不破坏传统，公司所有旅游产品开发均以传统村落保护为首要前提，恢复传统生产生活设施，主打预约式精品旅游接待，发展深度体验式旅游。

三是重视民生福祉，实施利益反哺。阿者科村发展旅游实施利益分配机制，并由坚守留下原住民的底线开启了居住分红的创新实践，分红细则明确，分红方法科学，激发了村民对遗产资源保护的内生动力。

五、点评

阿者科村坚持自然保护和文化传承，发展生态旅游产业，为践行绿水青山就是金山银山理念打开了新的突破口。一方面，通过实施"阿者科计划"，确立"内源式村集体企业主导"的旅游开发模式，通过与当地政府合作、外部技术援助，鼓励村民居住在村里，保持原有生产生活方式和村内核心人文景观，把村民作为"自然生态—社会—文化"系统的重要组成部分，防止社会资本入村无序开发和大拆大建。这一举措既保障了村民的主人翁地位，也保障了村子的规模有序发展。另一方面，完善收益机制，通过利益分配机制与遗产保护细则的绑定，有效提升了村民认同感和参与度，也为旅游发展提供经济支撑，保障"四素同构"生态环境的原真性、完整性和可持续性。最后，阿者科村打造旅游新业态，坚持人与自然和谐共生，筑牢了"绿水青山"的自然本底和人文根基，盘活了自然资源资产，发展旅游资源经济，打通了生态产品价值实现的渠道，促进村民增收致富，也极大地激发了村民保护梯田、传统民居的积极性，实现了保护与发展的良性循环。阿者科村的文旅融合，深刻把握可持续发展理论的内涵，重视人与自然的核心发展，不仅实现全村的经济发展，也保护好了人们赖以生存的自然环境和资源。

第六节　保山市隆阳区百花岭村规范观鸟
旅游产业案例

百花岭村加强高黎贡山生态环境和鸟类保护，依托高黎贡山独特自然禀赋，在最大限度减少人为扰动的前提下，融合发展旅游、康养、休闲、文化等产业，形成观鸟生态旅游合理收益分配机制，充分发挥出自然资源资产多元化价值促进增收致富，实现从"猎鸟"到"护鸟"的转变，生态、经济、社会效益得到综合显现。

一、案例背景

百花岭是保山市隆阳区芒宽乡的一个以汉族、傈僳族、白族等杂居自然村，位于高黎贡山南端东坡，海拔1400米左右，全村面积为18.6平方公里，下辖8个村民小组602户2525人。由于地处高黎贡山深处，交通不便，基础设施配套短缺，村民靠山吃山的传统生活方式对当地生态环境和生物多样性造成了一定破坏。高黎贡山丰富的鸟类资源吸引了众多的观鸟爱好者和鸟类学者前往拍摄或观察，这为百花岭村发展观鸟旅游带来了契机，但随着观鸟人数的增多，观鸟活动呈现不规范现象，观鸟塘随意设置、进出无序等问题凸显。近年来，保山市、隆阳区两级政府坚持生态优先、绿色发展，将生态文明建设作为重大实践课题，鼓励各地积极探索"绿水青山"变成"金山银山"的生态产品价值实现路径。百花岭村依托高黎贡山得天独厚的自然资源，以"观鸟+民宿+研学+观光农业+文化"为发展主题，规范化发展观鸟生态旅游，不断延伸产业链，发挥资源经济的价值，在"鸟类天堂"的百鸟和鸣中走出了一条生态环境保护与群众增收致富"双赢"的新路子，普惠着当地居民，惠及人民大众。

二、具体做法

（一）狠抓保护，从"猎鸟"到"护鸟"

各级政府及有关部门进一步明确管护职责，开展"高黎贡山森林资源管理与生物多样性保护"项目，持续推动生态修复治理、生物多样性保护、生物安全防范、林草防火能力建设等各项工作，加强珍稀濒危特有物种保护和极小种群物种恢复，落实各级林长责任，织密资源巡护网、森林防火网、跨境保护合作网、科研监测网、智慧防护网。大力开展党员干部走村串户，宣传生态环境保护政策，充分发挥协会的桥梁纽带作用，将"共护、共赢、共生"和"生态优先，绿色发展"的理念传递到群众中，村民爱鸟护鸟的意识不断提高，主动护林造林，保护生态环境的观念得到加强，逐渐从"猎鸟人"变成了"护鸟人"，为高黎贡山生物生态保护夯实了群众基础。

（二）科学引导，由"野拍"到"鸟塘"

众多的观鸟爱好者、鸟类学者到高黎贡山拍摄或观察，偶尔会找到百花岭本地村民做向导，到林区公路、步道或森林中进行"野拍"。在当地党委政府的引导和部分"鸟导"带头人的探索下，越来越多百花岭村民步入"观鸟"行业，探索出了用伪装网搭建"观鸟塘"的方法，但观鸟塘一度无序发展到70多个。隆阳区政府及时介入，对百花岭"观鸟"活动进行规范引导，通过科学评估，缩减鸟塘数量，推动整体布局调整和生态改造，引导村民按照"一个'鸟塘'一种明星鸟"的思路差异化发展，形成精品观鸟塘23个；持续强化进山管理，引导游客凭备案表、鸟类观测券等扫码进出山，明确进山时间。同时，成立"保山市隆阳区高黎贡山科学爱鸟护鸟协会"，制定《百花岭村爱鸟护鸟协会观鸟活动管理制度》，对"观鸟塘"布局、新增、取缔、收费等事宜进行了规定，形成观鸟收益分红制度：观鸟机位收益（按照70元/个机位收费）由观测点管理员、小组集体、村集体、协会成员（全体村民）、售票员五方分配。其中观测点管理员占60%（42元），小组集体占2.9%（2元）、村集体占7.1%（5元）、协会成员（全体村民）占28.6%（20元）、售票员占1.4%（1元）进行分配，并每月召开协会成员大会，由协会财务在成员大会上清点票据及收入，并进行公示，每年春节前和3月底统一进行分红。观鸟活动从传统的"野拍"模式逐渐走向正轨，步入规范化、标准化、常态化轨道。

（三）规范推广，由"爱好"到"产业"

保山市、隆阳区政府加大宣传推广力度，2016～2018年连续3年举办高黎贡山国际观鸟旅游节，其间，还举行了中国鸟网国际野生动物摄影年赛、高黎贡山国际野生鸟类摄影大赛、全国雉类摄影大赛颁奖，高黎贡山生物多样性保护顾问聘书颁发，"保护生态、保护鸟类"高峰论坛，"大型融媒体穿越高黎贡山"等系列活动，不断提高百花岭观鸟的知名度。推出"徒步高黎贡探秘千年古道""野性高黎贡""秘境高黎贡"等系列生态主题旅游，带动向导、农家乐、民宿等行业发展，形成了"背包、鸟导、餐饮、销售、物流"等旅游服务。另外，当地的少数民族村民还成立起傣族和傈僳族歌舞表演队，为百花岭村的旅游注入了民族风情。百花岭村以观鸟产业为引领，逐渐构建起了一个融合多样化魅力的乡村旅游目的地。

三、主要成效

（一）生态向好，生物多样性保护成效突出

通过持续有效的保护，隆阳区内高黎贡山连续多年无较大森林火灾、无严重生态环境破坏、无重大资源损失，森林覆盖率由建区前的82.3%增加到现在的95.09%，野生动物种群数量逐年增加，新品种不断被发现并记录（补充高黎贡山隆阳区段森林覆盖率和生物多样性数据），生物生态资源得到有效保护。目前在百花岭区域记录鸟种474种，占高黎贡山区域鸟类的63.5%（补充百花岭区域鸟类种类增加数据）。观鸟经济的发展促进了百花岭生态环境的改善和生物多样性的维护，让村民保护生态环境的意识显著提升，乱砍滥伐、偷猎打鸟的现象已被杜绝，百花岭的生态得到了恢复，生态环境持续向好，生物多样性不断丰富。

（二）以鸟为媒，打开了绿水青山的钱袋子

近年来，以观鸟为代表的生态旅游产业发展迅速，随着观鸟产业的逐渐成熟，百花岭已形成了一系列的生态旅游服务，群众生活水平明显提高，2022年，人均纯收入约为13600元。目前，百花岭村共有观鸟塘24处，农家民宿、客栈17家，农家乐餐饮19家，鸟导80多人，从事与旅游业相关人员900余人，每天可同时接待游客700余人。2023年以来，百花岭村的鸟塘观鸟售出观测票6100余张，收入约44万元，带动住宿、餐饮、研学等行业收入近800万元。通过分红制度，全村人均可实现增收3000余元。

（三）和谐共生，"双赢"之路越走越宽

随着观鸟产业的发展，百花岭村已经初具集自然、农业、历史、民俗于一体的乡村旅游业态雏形，吸引众多外出务工村民回乡投身到乡村旅游中，让越来越多的村民通过观鸟产业获得了实实在在的生态红利，生活质量明显提高，真真切切让村民意识到了"绿水青山就是金山银山"，也让更多的村民自觉参与到生态环境保护的工作中来。同时，也为众多观鸟爱好者提供着优质的生态产品，满足了他们对优美生态环境的需要。中央和省级的20余家主流媒体全程参与宣传报道，大力宣传展示百花岭生态文明建设的显著成效，百花岭观鸟的知名度越来越高，被誉为"中国的五星级观鸟圣地""中

国观鸟的金三角地带"。百花岭村也被国家文化和旅游局评为第二批"中国乡村旅游创客示范基地"。

四、经验启示

（一）合理利用资源，抓住"特"的优势

百花岭村抓好"鸟"资源，抓住"特"优势，发挥出独特经济价值。利用特色资源，致力于自然、农业、历史、民俗于一体的乡村旅游业态，促进观鸟活动从传统的"野拍"模式逐渐走向正规，以观鸟为代表的旅游业辐射带动旅游住宿、餐饮、研学等行业增收，吸引人才回流，投入乡村建设、旅游产业发展之中，既缓解乡村空巢化，又探索全村致富新渠道，促进群众生活水平明显提高。

（二）注重生态保护，做强旅游资源经济

百花岭村在做强旅游经济的同时注重保护与发展相结合，村民爱鸟护鸟的意识不断提高，主动护林造林，保护生态环境的观念得到加强，村民们思想转变了，大家在护鸟和护林的过程中慢慢理解了绿水青山就是金山银山理念的深刻含义，百花岭人用自己成功的实践，实实在在地证明了生态保护与民生发展是相辅相成、相互促进的，逐渐从"猎鸟人"变成了"护鸟人"，同样生物生态资源得到有效保护，"绿色颜值"转变成"富民价值"。

五、点评

百花岭村的蜕变转型主要依赖两个方面：一方面，依靠资源禀赋优势。百花岭村利用资源特色，由贫困落后的小山村转向观鸟旅游"中国的五星级观鸟圣地"，抓住了资源发展机遇，拓展发展空间，以观鸟旅游辐射带动周围产业，做大做强旅游产业。百花岭村立足于资源禀赋优势来选择产业，其资源禀赋不仅仅包含自然资源优势，还包括该村的历史底蕴、农业基础优势、传统文化优势等等。基于这些优势，以观鸟旅游为核心，总体谋划乡村产业发展之路，做强旅游经济，拓宽增收致富之路。百花岭村抓住发展的趋势，把握住资源的机遇，结合地区资源禀赋，发挥出来了比较优势，取得了显著的成效。另一方面，百花岭坚持可持续发展理念。在进行资源开发时，

注重资源集约节约利用与环境保护，推进旅游产业可持续发展与生态环境保护并行。同时加强监督管理，形成强有力的制度约束，逐步走出了一条人与自然和谐相处、发展与生态保护共享共赢的发展路径。百花岭村的蜕变转型可以为其他资源型地区做强资源经济，发挥比较优势，实现增收致富提供一个典型的示范带动作用。

第七节　西双版纳野象谷景区生态保护与经济发展实现双赢案例

西双版纳野象谷景区明确管护主体和职责，按照管理权与经营权分离的原则，以合作经营的方式，加强自然资源资产的管护利用。以固定收益分成，构建收益和保护良性循环等机制，为景区可持续发展护航。基于人与自然和谐共生中寻求人象和谐的新路径，探索云南生物多样性保护的新模式，在保护中发展，促进野象谷旅游经济持续增长，实现保护与发展的"双赢"。

一、案例背景

西双版纳野象谷景区（以下简称"野象谷景区"）始建于1990年，2005年11月被评为国家AAAA级旅游景区。野象谷景区属于西双版纳国家级自然保护区，是该保护区管护局开发的生态游景区之一，是野生亚洲象交流汇聚的中心地带。位于昆曼高速公路、国道213旁，距勐养镇10公里、景洪市24公里，地理坐标为北纬22°10′～22°11′，东经100°50′～100°51′之间，规划控制面积5100亩，土地资源全部为国家所有。目前，亚洲象国家公园申报涉及西双版纳、普洱和临沧三个州（市），面积为930.44万亩，其中，西双版纳州面积为774.90万亩，占83.28%。西双版纳自然保护区整体被纳入亚洲象国家公园申报范围。为了加强对野象谷景区自然资源的保护和利用，提高生态和经济效益，根据相关法律法规，西双版纳国家级自然保护区管护局（以下简称"管护局"）结合野象谷景区的实际，采取"管经分离"的合作运营模式，于2005年引入了云南省旅游投资有限公司（云南省投资控股集团的全资子公司）控股的云南金孔雀旅游集团有限公司（以下简称"金孔雀集团"）作为主要合作企业，多措并举加强全民所有自然资源的保护和利用，形成固定提成收益用于保护的长期稳定循环，全民所有自然资源资产所有者权益得到切实维护，人象冲突得到有效缓解，实现了自然保护区生态保护与经济发展双赢。

二、具体做法

（一）成立机构，明确管护主体和职责

1.明确机构职能职责

管护局为西双版纳州林业和草原局下属公益一类事业单位。1999年，为加强自然保护区生态旅游管理，西双版纳州委编办批准管护局成立西双版纳国家级自然保护区生态旅游管理所（以下简称"管理所"），编制人数为10人（2010年增编至20人），内设行政办、景区管理办、发展规划办和自然教育中心。2014年，为规范景区的建设、管理和理顺关系，按照管理权与经营权分离的原则，分别明确了管护局和管理所的职能职责。管护局负责依法保护自然保护区内的自然环境和自然资源，主要负责国家公园的规划、建设和管理；管理所具体负责国家公园内的生态旅游管理等工作，主要涉及国家公园生态旅游范围内的生物多样性、生物地理景观和自然生态环境的保护管理，生态旅游规划、建设和管理，引资合作建设生态旅游景区和其他生态旅游项目，协调景区改造提升、转型升级、打造自然保护区品牌以及对景区进行检查考核等方面。明确的机构和职能职责，为保护区特别是野象谷景区的保护利用工作奠定坚实的组织基础。

2.制定规划和管护考核办法

自1990年起，管护局以有效保护资源为前提，利用得天独厚的自然资源，结合科研项目开展生态旅游的探索。1993年，管护局委托云南省林业规划设计院和西双版纳州设计院共同完成了《西双版纳国家级自然保护区旅游开发总体规划设计》，自然保护区生态旅游正式起步。2007～2013年，管护局先后制定印发了《西双版纳国家级自然保护区生态旅游景区（点）管理办法》《西双版纳国家级自然保护区生态旅游景区（点）量化考核标准（试行）》《西双版纳国家级自然保护区生态旅游景区日常工作管理细则》和

《生态旅游景区（点）日常监管制度》等管理规定，进一步强化自然保护区生态旅游规范化管理，做到精准、细致，有章可循。

（二）开展合作经营，加强自然资源资产的管护利用

1.实施整体合作促运营

2005年，管理所与金孔雀集团签订协议，合作经营野象谷景区，协议约定合作期限50年，在合作期内，金孔雀集团在合作期内享有资源的经营权，承担保护自然资源的责任和义务以外，还需根据《保护区总体规划》《中国自然保护区生态旅游工作大纲》《保护区生态旅游计划》的统一要求，按照国家AAAAA级旅游景区的标准，完善野象谷景区的旅游基础设施，并按照野象谷景区门票实际收入的5%进行收益分成，管理所将收益用于保护区野生动植物资源的保护和管理。

2.开展专项项目特许经营

2005年，金孔雀集团和山东浪潮智慧文旅产业发展有限公司野象谷分公司（以下简称"浪潮公司"）合作经营野象谷索道项目，由浪潮公司独资建设一条长2000米的森林观光架空客运索道，同时浪潮公司需向管理所支付野象谷与索道相关的道路、停车场、电力、通信、供水、环保、厕所等基础设施的配套费用，索道建成正常运营后还需每月缴纳索道售票实际收入的8%作为旅游资源使用的补偿。

（三）以机制固定收益分成，构建收益和保护良性循环

1.提取收益分成

依据管理所提供的统计数据，2016～2022年，野象谷景区实现门票收入共计59689.5万元，平均每年达到8527.1万元，管理所可用于保护区野生动植物资源的保护和管理的收益分成共计2984.5万元，平均每年达到426.4万元；2016～2022年，野象谷索道门票收入共计9966.38万元，平均每年达到1423.76万元，上缴州财政共计797.31万元，平均每年达到113.9万元。通过以协议方式约定，提取固定收益分成，基本满足了野象谷景区的每年管护成本，形成了收益到管护的自循环。

2.企业参与支持协同推进亚洲象种源繁育与救助

在实施过程中，兼顾落实地方配套资金、基地可持续发展和建设目标、任务，结合项目实施地点毗邻野象谷景区等实际，经西双版纳州人民政府和

原云南省林业厅同意，管护局与金孔雀集团签订了《中国云南西双版纳亚洲象种源繁育基地建设、管理协议书》，由野象谷景区解决配套资金和负责项目建成后的运行管理工作，共同推进亚洲象种源繁育、救助和开展科普宣教等相关工作。在实际经营中，金孔雀集团还承担了野象谷的亚洲象救护与繁育中心20%的建设投资，以及每年约500万元的运行管理费用，也相当于为管理所承担了保护区野生动植物资源的保护和管理的部分成本。

三、主要成效

（一）全民所有资源资产实现保值增值，所有者权益得到有效维护

经过三十年的探索和实践，以西双版纳自然保护区为主的生态旅游发展迅速，成为全州旅游产业的重要组成部分。从云南西双版纳国家级自然保护区管护局，到作为专门负责自然保护区的生态旅游管理工作的生态旅游管理所，其管理体制从自建自管走向合作委托经营，经营效益呈良性增长。野象谷景区按照《合作协议》进行开发建设，依照规章制度加强对景区管理，通过收益分成再投入的形式，对保护区全民所有自然资源资产进行管护，形成保值增值的良性循环，从而较大程度地维护所有者权益。据不完全统计：2016～2022年，野象谷景区累计完成投资约1.5亿元、接待游客985.61万人次、实现经营收入6.96亿元，带动相关产业增收30亿元。

（二）自然保护区得到科学保护，亚洲象种群数量增加

野象谷景区建设之初，要想观看到野象是非常困难的，特别是群象。通过多年来合理的管护和运营，野象的保护成效日益明显，野象群活动更加频繁、出现的频率更高。野象谷景区周边活动的野象从6头增加到100头左右。2010年以来，每年1～4月几乎每天都可以在景区内看到野象。2002年，原国家林业局批准"云南西双版纳亚洲象繁育基地基础设施建设项目"（以下简称"繁育基地"），繁育基地建成以来，先后筹资投入4434.18万元，救护过因伤、病、残及严重威胁人类生命财产安全的野象23头（其中，现场放归4头），通过自然繁育的方式成功繁育了9头小象。繁育基地在亚洲象救护和繁育上发挥了积极作用，取得了很好的社会效益和生态效益，为亚洲象保护和生态文明建设做出了积极贡献。

（三）人象冲突得到有效缓解，带动景区周边发展

西双版纳州引入了商业保险机制，在全国率先创立了野生动物公众责任险。2021全州投入2014万元为州域范围内群众购买野生动物公众责任保险，提高了保险补偿标准。全年累计理赔案件8478起，涉及10901户，共赔付1616.05万元，人象冲突得到有效缓解。同时，西双版纳野象谷在发展过程中，积极探索可持续发展模式，带动周边发展。2005年以来，自然保护区周边民工从景区获得的劳务费平均每年超过100万元；各景区70%以上的员工来自周边城镇和社区，为当地直接解决就业岗位达3000多人（包括周边服务业）；超过50%的游客到周边村寨用餐，每年带动周边社区增加直接收入超过6000万元。野象谷周边村寨的餐饮等服务业发展迅速。2013年被评为全国首批国家生态旅游示范区，并以此为契机确立以建设"国际知名的野生动物保护地"为发展目标、突出"亚洲象保护"和"人与自然和谐发展"主题。景区先后建成的宣教场馆面积约3800平方米，包含中国亚洲象博物馆专题展馆等多个科教设施，培训专职导游或讲解员177名，面向社会公众不断传播生态保护、绿色旅游等理念，结合当地文化底蕴，注重自然资源与人文历史的结合，每年对300多万人次的参观者普及，既提高了游客和当地居民对自然保护的认识，也使游客在景区内体验到浓郁的文化氛围以及自然景观。目前，野象谷已发展成为西双版纳州的旅游名片，野象谷模式正逐步让社会了解和认知。

四、经验启示

（一）构建合理机制，助力可持续发展

野象谷有着划分明确的职能职责规管机制。景区的建设和管理逐渐明晰，按照管理权与经营权分离的原则，管护局以有效保护资源为前提，负责规划、协调、招商、引资以及监管等工作。通过与集团合作的方式，分离资源经营权，各司其职，为保护区特别是野象谷景区的保护利用工作奠定坚实的组织基础。建立收益分配机制，景区提取固定收益分成，满足了野象谷景区的管护成本，形成了收益到管护的自循环。这些机制的形成为野象谷的持续发展奠定基础。

（二）形成科学保护，壮大旅游资源经济

强化亚洲象的基础性研究，推进亚洲象种源繁育与救助为亚洲象保护管理提供科学支持。科学确定亚洲象国家公园边界范围和管控分区，增强亚洲象监测力量，扩大监测覆盖面，提升监测预警水平。在对亚洲象进行保护中，推动人象和谐共生，壮大旅游资源经济发展，发挥经济效益、生态效益、社会效益的综合作用。

五、点评

西双版纳野象谷是一个成熟、知名的生态旅游景区，三十年的发展历程积累了丰富的管理经验。该地区明确管护主体和职责，实行管理经营分离的做法；开展合作经营，强化自然资源以及生态保护，制定并完善保护规划；健全收益机制，为景区资源的合理利用、持续保护、未来发展提供了保障。从可持续发展理论的功能维度来看，实现可持续发展要确保生态环境安全，有一个稳定的资源基础，基于这个视角，西双版纳野象谷无论的管护举措还是发展机制都突出了生态保护主题，走资源保护与经济发展相协调道路。依托景区游客量大，发挥野生动物资源优势，创新机制，将景区内的各种自然资源和人文资源组合成一个完整的游览体系，充分发挥资源经济价值。西双版纳野象谷基于尊重自然、顺应自然、保护自然的理念，积极推动人与自然和谐共生，人象和谐共生，形成了以亚洲象保护为代表的生物多样性保护的云南经验；形成了以亚洲象保护为特色的资源经济利用和发展案例，为其他地区野生动物保护的开展发挥了一定的示范作用。

第八节　宜良县闲置土地回收案例

土地闲置是对土地资源的极大浪费，下面是探究闲置土地是否应该被政府无偿收回土地使用权的一个典型案例，结合法律法规和部门联动，宜良县就闲置土地回收问题发挥了一个良好的示范作用。

一、案例背景

一直以来，土地资源的规划、开发、利用和监管都是国家和地方政府工作的重点之一。近年来，随着房地产开发市场的降温和地方政府监管力度的加强，闲置土地认定和处置作为政府进行土地利用监管的主要手段必将被给予更加高度的重视。

云南九乡特种动物养殖基地穿山甲人工驯养繁殖项目（YTC2013-11号地块）位于昆明市宜良县九乡乡德马社区起底老村，用途为其他商服用地，面积9.50亩，2014年6月18日云南林野动物养殖有限公司通过挂牌以247万元取得该地块使用权，与宜良县国土资源局签订《国有建设用地使用权出让合同》。合同约定动工开发日期为2015年6月20日，但直至2020年仍未开发，按照有关规定已构成土地闲置。基于此，对土地闲置原因进行调查，探究该土地是否应被宜良县政府无偿收回土地使用权。

二、具体做法

2020年10月19日，经报宜良县人民政府同意，县自然资源局向林野公司作出《闲置土地调查通知书》，开展闲置调查。经询问、会商、现场勘测等得出初步认定结果，2021年9月14日，宜良县批而未供、闲置土地清理处置指挥部办公室召开会议，认定该地块为闲置土地，闲置原因为企业原因。10月9日，宜良县自然资源局作出《关于云南林野动物养殖有限公司云南九乡特种动物养殖基地穿山甲人工驯养繁殖项目YTC2013-11号地块疑似闲置土地的调查报告》，并向公司下发《闲置土地认定书》《闲置土地处置听证权利告知书》，公司未申请听证。

根据《闲置土地处置办法》，经综合研判，宜良县拟采用无偿方式收回该地块，2022年2月28日，宜良县人民政府下达《关于收回国有建设用地使用权的决定》（以下简称《决定》），3月10日送达，林野公司不服《决定》，提出三点内容：其一，县自然资源局无权进行调查，处置程序不合法；其二，其投资建设的穿山甲人工驯养繁殖项目包含多宗土地，方案应该整体审查，开发建设情况也应该整体考虑；其三，公司委托云南诚业价格评估有限公司所作的《价格评估报告书》显示投资额已超过计划投资的三分之二，不属于闲置；其四，该宗土地移交时非净地，又由于2016年9月29日召开的《濒危野生动植物种国际贸易公约》大会禁止穿山甲国际商业贸易、2020年全国人大常委会发布《关于全面禁止非法野生动物交易、革除滥食野生动物陋习、切实保障人民群众生命健康安全的决定》等政策，导致项目无法按原计划开发建设，因此闲置原因应该为不可抗力或归属于政府。

据此，林野公司5月向昆明市政府申请行政复议，请求撤销《决定》，5月12日市政府行政复议办公室依法受理。县政府接到答复通知后高度重视，及时向市政府提交了该案调查办理情况、依据等书面材料。由于案情比较复杂，依法延期30日后，昆明市政府于8月8日作出《行政复议决定书》，经审查认为：第一，根据《闲置土地处置办法》第十四条："未动工开发满两年的，由市、县国土资源主管部门按照《中华人民共和国土地管理法》第三十七条和《中华人民共和国城市房地产管理法》第二十六条的规定，报经有批准权的人民政府批准后，向国有建设用地使用权人下达《收回国有建设用地使用权决定书》，无偿收回国有建设用地使用权。"县级自然资源局开展闲置调查、宜良县人民政府作出收回决定，主体合法；第二，案涉宗地约定于2015年6月20日前开工，但林野公司仅办理了用地证、不动产权证，未报送规划设计方案，也未申请宗地用途规划调整，且至今未取得施工许可证，公司提出对项目进行整体考虑的主张缺乏事实及法律依据；第三，公司提供的《价格评估报告书》无签章，不具备法律效力，宜良县自然资源局委托超祥公司现场勘查并出具报告，案涉宗地未发生动工行为，实际造成闲置；第四，该宗土地移交方式为按现状及界址点成果移交，现状为空地，县自然资源局发出闲置调查通知书和认定书、明确闲置原因为企业原因后，林野公司未在法定时限内提供原因说明及辅助材料证明非企业原因，也未申请听证，另外野生动物交易限制政策与案涉宗地的闲置没有因果关系，因此，不能将闲置原因归咎于不可抗力或是政府原因。

综上，《行政复议决定书》对林野公司提出的复议理由不予采纳。认为宜良县人民政府作出的《决定》适用依据正确，程序合法，内容适当，予以维持。

收到《行政复议决定书》后，林野公司不服，向人民法院起诉宜良县人民政府、昆明市人民政府。先后经昆明铁路运输中级法院一审（2022云71行初107号）、云南省高级人民法院二审（2023云行终354号）作出宜良县政府无偿收回土地使用权的决定有效的判决。

三、主要成效

该地块为企业自身原因造成的闲置土地，根据相关条款，宜良县政府无偿收回土地使用权的决定有效，驳回林野公司上诉。依据判决结果，宜良县政府及自然资源局与公司相关负责人再次沟通，林野公司仍然拒不交回不动产权证。根据《闲置土地处置办法》第十八条，宜良县不动产登记中心于2023年9月中旬公告注销了该地块的不动产权证书。该宗国有建设用地使用权已被收回纳入政府储备，待后续开发利用。

四、经验启示

一是高位统筹，政府担当敢于决策。自该宗闲置土地启动调查开始，宜良县人民政府高度重视，有理有据研判，及时准确决策，积极协调各部门合作，形成处置合力，协助县自然资源局有效推进闲置土地处置，取得了昆明市人民政府、市自然资源和规划局的大力支持，最终通过司法程序收回闲置土地使用权。

二是部门联动，司法助力推进处置。宜良县自然资源局依据《中华人民共和国土地管理法》《闲置土地处置办法》等法律法规，积极与司法部门沟通，全面、完整地完成闲置土地调查和认定程序，处置全过程合法合规，在行政复议、司法裁决等环节中"站得住脚"，有效推进处置工作。

三是总结经验，提升土地利用水平。这宗闲置土地历时三年得到了有效处置，县自然资源局及时复盘总结经验。处置中既要保证程序严谨、依法高效，又要审慎稳妥、维护各方合法权益，如对疑似闲置土地的调查应提前介入，及时告知用地方申请听证、行政复议、诉讼等权利，避免因程序问题对处置工作造成不利影响，要充分运用法治思维和法治方式推动工作，结合自身职能及时指导、依法履职。YTC2013-11号闲置土地已处置完成，为宜良县现阶段因企业原因造成超期未动工的闲置土地提供了一套完整的处置思路，也为进一步规范土地市场行为、有效提升土地资源节约集约利用打下了坚实基础。

五、点评

在一定程度上，土地闲置是对土地资源的极大浪费，在我国部分企业取得国有土地建设用地使用权后，因资金不足、市场预期失策等因素致使无法及时开工建设，导致国有土地出现了大量闲置和荒废的现象。本案例就是出让后的土地没有及时开发使用，造成土地资源的闲置浪费，政府依法无偿收回土地使用权的典型案例。在政府的统筹决策、各部门联动、司法运用中得到解决，也展示了法治思维和法治方式推动工作进程的典型示范，该案例为土地资源经济高效利用奠定了基础，更进一步发挥规范土地市场行为的示范作用，对盘活闲置土地，发挥土地的生产潜力意义重大。

第九节 昆明市晋宁区"村投公司"整合乡村土地资源案例

晋宁区着力打造"村投公司"生态产业发展新模式，"村投公司"以生态保护、产业发展、乡村振兴为目标，通过整合优化乡村土地资源、形成分级联动管理、打通授信融资渠道、深化农业产业结构调整等具体做法，在滇池环湖路以内开展生态种植，在滇池环湖路以外规范现代农业生产，区域整体发展"农文旅"融合产业，促进乡村土地资源发挥生态效益，生态效益产生多元经济效益，经济效益带动乡村绿色发展社会效益，有效助力乡村发展。

一、案例背景

晋宁区为滇文化的发祥地，古滇国都邑所在地，古滇青铜文化的中心，航海家郑和的故乡，隶属于云南省昆明市，位于昆明市西南部，环抱滇池，行政区域面积1336平方公里，常住人口34.6万人。晋宁区临近滇池地区分布着诸多古村落，原来村民主要以种植水稻、莲藕和打鱼为生。"四围香稻、万顷晴沙"，是孙髯翁在大观楼长联里对滇池周边稻田美景的描绘。20世纪90年代以来，随着各地经济的高速发展，晋宁区大多数村镇因缺乏合理规划，村庄趋于无序发展，工商资本介入改变农业种植结构，农民的耕地面积不断减少，土地的细碎化和零散化情况十分严重，产业布局不合理等问题凸显，导致出现"农民种田养不活自己，村干部守不住村里的土地"等现象，同时，农业面源污染进入滇池，对滇池流域水质造成严重威胁，与建设美丽家园、美丽乡村为导向的高质量发展路径严重背离。近年来，晋宁区坚持以生态优先、绿色发展为导向，牢固树立和践行绿水青山就是金山银山的理念，积极探索全面推进乡村振兴的绿色综合发展新路子。2022年6月29日，晋宁区正式挂牌成立了云南省首个村集体经济发展投资公司即昆明市晋宁区村集体经济发展投资有限公司（以下简称"村投公司"），整合乡村土地资源，统筹耕地保护与粮食安全、促进乡村振兴等重大任务，发挥生态安全屏障、农业产品供给、农村产业融合等功能，降低对滇池流域面源污染风险，着力打造乡村土地资源整合典范区域，实现乡村一二三产业融合高质量发展，不断实现乡村土地资源生态产品价值。

二、具体做法

（一）成立"村投公司"，整合优化乡村土地资源

"村投公司"由昆明市晋宁区国有资本运营有限公司牵头组建，注册资本人民币1亿元，评估各村社集体资源和各农户资产，联合成立"村投公司"，国资公司占股51%，各村集体资源和各农户资产占股49%。实践探索"国资资本融合集体资源"发展思路，创新推行"国有资本+村集体资源+农户"模式，全力推进乡村整体发展。"村投公司"紧扣"资源变资产、资产变股权、股权变资金、资金变项目、项目变收益"的目的，以农村基础设施建设、城乡产业融合发展、现代农业人才队伍培育、特色乡村旅游打造等作为主要经营方向，通过"投、并、划、整"等多种方式，对农村以土地为主的自然资源资产进行集中整合、规范管理、规模运营。同时，晋宁区政府统筹组织，"村投公司"协助开展"干部规划家乡行动"，完成了晋城街道沙堤村、张家村、花椒嘴村等多个村庄多规合一的实用性村庄规划，有利于土地资源整合，科学合理布局生产空间、生活空间、生态空间，乡村规划宜农宜居。

（二）形成分级联动管理，保障集体和村民权益

区成立"村投公司"、乡镇（街道）成立村集体资产管理公司、村社成立村集体公司，构筑职责清晰、分工明确、合作共赢的联合体系。"村投公司"负责企业的整体投资运营，整合优化乡村土地资源，实现企业化项目投资运营管理，聚集小散项目，形成多元大产业，全面推动集体经济组织抱团联合、产业兴农，实现集体经济转型升级持续发展；乡镇（街道）级负责指导和监督集体资源资产合理开发、规范使用、按约履职，防止集体资源违规开发和资产流失，切实保障集体经济组织及成员合法权利；村社级负责组织清理清查乡村资源、编制资源清单、制定村规民约、承担用工劳务等，通过土地入股分红等协议，充分保障集体和农民的权利。

（三）打通授信融资渠道，深度推进产业融合

"村投公司"通过整合村集体资源、汇聚国有资本、打造专业团队、开展市场运作等多种手段，有效依托注入资源资产及国资公司国有平台信用，多渠道开展融资。当地农村信用合作社、中国农业银行分别为晋宁区村集体经济发展投资有限公司、沙堤渔村农民专业合作社等六家经济组织颁发预授信牌，并授信共计2.5亿元。授信资金主要用于乡镇经济管理服务，休闲农业和乡村旅游资源的开发经营、土地整治服务，花卉、谷物、蔬菜、商业综合体管理服务。通过打通社会资本、金融资本进入农村的渠道，更好地服务农业产业、小微企业等实体经济，解决融资难、融资贵及城乡融合发展资金短缺难题，将乡村整合的资源优化成投资项目，让投资的项目形成可持续性的效益产出。

（四）坚持生态保护优先，深化农业产业结构调整

"村投公司"积极推动土地整治工作，建设高标准现代农用设施，大力推动农业产业融合、农业结构调整，落实耕地保护责任。积极打造生态种植、现代农业生产、"农文旅"融合三大板块。"村投公司"在滇池流域区，集中流转晋宁区晋城街道沙堤村、回龙村、安乐村三个村委会3292亩和晋宁区宝峰街道中和铺村委会1805.57亩土地资源。其中，在滇池环湖路以内已垦造水田1284亩，在沿湖种植优质水稻、水生莲藕等生态水生农作物；在滇池环湖路以外，晋宁现代花卉产业园已开发种植花卉面积约1340亩，并逐步规范鲜花种植规模，壮大农业产业经济；正在规划蔬菜智慧冷链物流园

项目，计划投入建设千亩有机蔬菜基地；同时，在整合乡村土地资源的基础上，注重改善乡村环境，带动拆除老旧违规大棚，开展房屋修缮、村道硬化、垃圾分类处理等基础设施建设工作。通过农业、文旅、康养产业融合，积极探索农业产业新发展理念，深入推进农村三产融合，激活"农文旅"融合新动能，绘就乡村振兴新图景。

三、主要成效

（一）乡村环境趋于向好，面貌焕然一新

在晋宁区整体规划策划下，"村投公司"通过设立便民综合体、整治路域环境、导入产业等方面基础设施投入，改善了人居环境，缩小了城乡间基础设施差距，保护了区域生态环境，提升了农作物品质，晋宁区村庄面貌焕然一新。同时，以坚持滇池生态环境保护为基础，传承优秀传统农耕文化，保持大面积生态农业底色不变，打造高标准水田，积极恢复区域湿地，有效减少化肥农药使用量，减轻滇池流域农业面源污染威胁，白鹭、苍鹭等水鸟重返村庄，沿湖周边水质也有了较大改善。其中，沙堤村在积极建设下，生态环境改善明显，河道水质由Ⅳ类提升至Ⅲ类，村庄绿化率由原来的10%提升到45%，村庄空气负氧离子年均浓度达到2200个/立方厘米以上，再次重现当年"四围香稻、万顷晴沙"的和谐景象。

（二）土地资源利用提升，多角度助民增收

在晋宁区统一部署下，"村投公司"通过集中流转土地，开展土地治理，推动农业产业结构调整，绿色发展成效显著。其中，滇池环湖路以内种植水稻、莲藕等传统生态农业作物，水稻产量约500公斤/亩，藕产量1500公斤/亩，每年可实现约500万元经济效益，水田垦造和传统生态农业种植取得显著成效。同时，"村投公司"通过整合乡村土地资源，每年为村集体公司投入近2000万元，保障村民每年6000元/亩土地保底收入。滇池环湖路以外区域，通过开展花卉、蔬菜等现代农业生产，预计年经济产值可达约3亿元。整合乡村土地资源后，释放乡村劳动力，使部分农民从土地中解脱出来，发展新产业，拓宽增收渠道。通过全区域"农文旅"融合发展，村民们纷纷利用民居开设民宿、美食小吃店、文化体验店，"村投公司"在各村投入运营的文化栈道美食街、生态稻香火车、田园休闲清吧、传统生态农业种植等项

目，每年可为属地农民新增600余个就业机会，村民就业岗位工资由2000元/月提高到4500元/月。乡村旅游与属地就近再就业充分融合，让更多的农民创造了多种灵活就业渠道和收入方式，各地村民基本实现快速致富。

（三）绿色发展显著提升，社会效益日益凸显

晋宁区政府、"村投公司"注重挖掘当地的土特产和特色品牌，通过品质提升和市场推广，"四围香稻"生态稻谷、"盈滇"菜籽油等地方特色品牌逐渐在市场中建立了良好的口碑，促进了乡村产业绿色协调发展。此外，通过举办稻花音乐节、油菜花节、千人插秧活动等系列文化活动，着力打造乡村旅游品牌，吸引大量游客前往当地观光游玩，助力地方经济高质量发展。同时，通过设立晋宁农业研学基地、花卉种业研发创新基地，助力晋宁区现代农业人才孵化，推动科技人才带动乡土人才孵化，有效助推农村产业发展和乡村振兴，社会效益日益凸显。

四、经验启示

（一）多元化主体有助于村庄资源整合

晋宁区成立"村投公司"，创新推行"国有资本+村集体资源+农户"模式，组成主体具有多元化的特性，有助于各个主体发挥特有职能、各司其职，全力推进乡村整体发展。"村投公司"组成成员中包括村民，更有助于参与村庄规划，因地制宜地参与资源的整合发展。最终形成晋宁区政府统筹组织，"村投公司"协助开展行动，建立村庄规划、完善土地整合、实现乡村基础设施改造、进行生态保护以及大力发展乡村产业等。

（二）多元举措有助于村庄增收致富

"村投公司"在土地整治工作下功夫促进，提高土地资源的整体利用效率。建设高标准现代农用设施，加强耕地保护。同时，在整合乡村土地资源的基础上，注重改善乡村环境，提高基础设施建设，结合农文旅探索三产融合的新业态，促进全村资源有效利用，充分发挥资源经济效益，带动农民增收致富。

五、点评

首先，晋宁区在发展中坚持生态保护优先、注重改善乡村环境，在这些举措中更加有利于乡村产业得到长久、持续的发展，促进农民就业增收和乡村繁荣发展。其次，该地区在整合乡村土地资源的基础上发展"农文旅"，结合地区资源发挥比较优势，将资源优势有效转化为发展优势，创造经济价值。此外，晋宁区在"村投公司"发展模式中，重视"自己人"，积极引导"自己人"参与乡村发展事业，同时鼓励村集体及个人积极以资源或人力入股村投公司，盘活乡村土地资源，以及其他自然与人文资源，共同发力，成为村投公司的股东，真正实现市场化运作，合理确定利润分成比例，有效整合土地资源，激发乡村发展活力，才能真正做到可持续。根据资源配置理论，精准把握各要素之间的关联，明确各要素的角色和职责，以实现资源的最佳利用，实现有效配置。晋宁区把握资金、人力等各种要素，发挥土地、农业、旅游等资源优势，实现资源合理利用，为改善乡村环境，促进农民增收致富起到一定的带动作用。

第十节　云南省古茶树的保护与发展案例

云南省基于种质资源保护、生境修复、划定保护管理区域并分类分级施策等方面进行古茶树保护管理规划；以目标为导向，从科学经营、品牌打造、融合发展、质量监管等方面进行古茶树开发利用规划。在科学保护古树茶资源的前提下，开展合理利用，把古树茶产品作为云茶产业的一张名片，进一步提升古茶树经济价值、文化价值和生态价值。

一、案例背景

（一）古茶树背景

云南是茶树的起源和多样性中心、种质资源宝库，也是迄今所知的世界上古茶园保存面积最大、古茶树保存数量最多、种质类型最丰富的地区，有

"古茶树王国"之称。古茶树是云南茶产业发展的重要资源基础。近年来，随着古树茶销售价格日益攀升，古茶树保护与利用之间的矛盾日益突出，部分古茶树及其生境遭到较为严重的破坏，已严重危及古茶树的生存和资源的可持续利用。为此，云南省委、省政府高度重视，要求以最严规划、最硬执法、最实举措全力保护古树茶山、古茶树资源，确保古茶树这一稀缺资源在有效保护的前提下可持续利用。

（二）古茶树现状

在古茶树资源数量方面，全省11个州市59个县（市、区）有古茶树分布，集中连片分布的古茶树总面积67.54万亩。古茶树总株数2005.96万株，其中，集中连片分布的古茶树1996.31万株，散生分布的单株古茶树9.65万株。

按起源分，野生古茶树连片面积48.40万亩，株数806.12万株，分别占总面积的71.6%、总株数的71.7%，主要分布于临沧、普洱、西双版纳等州市；栽培古茶树面积19.14万亩，株数1199.84万株，分别占总面积的28.4%、总株数的28.3%，主要分布于临沧、普洱、西双版纳等州市。

在古茶树种质资源状况方面，古茶群落的茶树树种共有5个，分别为茶、大理茶、普洱茶、德宏茶、白毛茶。其中的大理茶、普洱茶属于国家二级重点保护野生植物。在总面积为67.54万亩，总株数2005.96万株的古茶树资源中，以茶种划分，大理茶面积为45.35亩，占古茶树资源总面积67.15%，位居首位；其次为普洱茶占古茶树资源总面积32.48%；德宏茶、白毛茶均占比不足1%。

（三）古茶树发展面临的问题

1.过度采摘，保护与利用矛盾突出

随着古树茶价值不断提升，过度采摘、茶园管理不当、生存环境破坏等对资源造成的压力越来越大。"重利用轻保护"的现象十分普遍，由于保护意识差和掠夺性采摘，部分地区出现古茶树生长衰退的现象。掠夺性强采古树茶严重影响了古茶树的正常生长和古茶园的生态系统。资源要保护、产业要发展、茶农要效益、企业要利润等保护和利用之间的矛盾日渐突出。如何平衡资源保护与利用关系，促进古茶树资源的有效保护和合理利用是管理者面临的最大难题。

2.市场主体小散弱，古茶品牌杂乱

现古树茶加工基本以家庭式作坊生产为主，生产方式和生产设备落后，加工规模小，生产标准不统一，卫生条件差，产品质量参差不齐，市场主体小散弱问题突出。由于优质古树茶产量有限，市场上还存在以次充好或大树茶冒充古树茶销售的鱼龙混杂、真假难辨的情况，古树茶品牌虽多，但叫得响的品牌却是凤毛麟角，一些不良商家假借名山名寨古树茶品牌，导致古树茶品牌信用度受损，另外，价格上比较混乱，对于树立品牌，增强市场竞争力是极为不利的。

3.科研滞后，技术支撑薄弱

由于投入不足等原因，随着古茶树资源利用的加大，古茶树科研滞后生产的矛盾逐步显现，缺少科学养护和合理利用古茶树资源的理论支撑和技术标准。虽然云南省林业和草原局组织起草并发布了古茶树分类分级标准和相关养护、采摘等技术试行规程，但与各州市县的标准有较大差异。由于缺乏科学支撑和规范指导，部分消费者和茶农非理性地将"古""天然"与"绿色优质""健康养身"等概念绑定，导致各地普遍存在保护措施欠缺的现象，经营者偏执地追求自然生长，认为纯天然才是最健康的，古茶树有病不治、只采不养，致使树势逐年衰弱，甚至为避免人为干扰将古茶树进行圈禁隔离，最终因过度保护而致使树势衰弱或死亡。

4.资金短缺、保护工作开展困难

未设立专项保护资金，现有投入渠道主要依托自然保护区、天然林保护等有关项目，投入有限，古茶树资源拯救保护等相关工作落实困难，保护工作压力较大。

二、具体做法

（一）加强古茶树科学保护、实现合理利用

1.加强古茶树综合保护

首先，建立古茶树资源保护管理体系，遵循保护优先、绿色发展的原则，科学保护古茶树资源，确保资源持续利用。其次，加强古茶树周边生态环境保护，有效控制在古茶树保护范围内新建房屋、毁林开垦、乱砍滥伐、砌坎筑坝、挖掘采石、排放污水、倾倒垃圾等破坏古茶树生态环境行为。清理整治古茶树周边村庄违法违章建筑，恢复和改善古茶园周边生态环境。再

次，加强古茶园生态控害和古茶树自身抵御病虫害管理，增加古茶园生物多样性，实现林茶共生，有效控制古茶园病虫害，积极组织开展古茶树病虫害"绿色防控示范区"创建工作。

2.实现古茶树的合理利用

一是开展具有针对性的古茶园提质改造，着力完善古树茶园灌溉设施，改良土壤结构，引导茶农使用农家肥、有机肥，培肥地力、休采等科学经营措施，实现古茶园可持续利用。二是加强茶叶采摘管理，坚持标准化采摘，实行分批多次采摘。根据实际情况推行"采春茶、留养夏茶、采谷花茶"等古茶树采摘制度，以维护古茶树的正常生长，延长其经济价值。采摘与茶树实际情况相匹配，生长薄弱的茶树以养为主。三是依托资源优势和生态优势，聚焦重点保护利用区域的古茶树开展合理利用，打造云南古树茶高端品牌，提升价值链，引领云茶产业发展。四是依托丰富的古茶山、古树茶文化资源和旅游景观资源，发展茶文化生态旅游，延长产业链。

（二）壮大古茶树产业发展，实现品牌打造

1.提升产业发展水平

首先，提升古树茶产业加工技术水平，制定古茶树加工技术规程和古茶树初制所环境卫生标准，规范古树茶初制工艺，提升古树茶整体加工技术水平，确保古树茶初制产品质量。推进古树茶叶初制所配备快速检测设备，把好鲜叶原料质量安全的准入关。实现古树茶初制产品"原料可溯、产地可查、品质保证、消费放心"，确保古树茶初制品质量稳步提高。其次，加强古树茶质量监管，加强对古树茶产品的抽检监测，各级市场监管部门应定期不定期对古树茶产品进行抽样检测，并公开抽检结果；整顿古树茶生产环境，加强对古树茶质量和卫生安全的监管，实现生产、加工、销售环节全覆盖。

2.打造名山古树茶品牌

首先，培育壮大品牌，各古树茶产区依据古茶园分布所形成的特定地域、特有的自然因素和人文因素等综合要素，积极申报、创建地理标志产品。引进和培育有普洱茶情怀、立足本地长远发展的古树茶经营主体，着力打造古树茶百年品牌、建设百年老店，推动古树茶提升品牌知名度。依托古茶名山的影响力和知名度，支持古树茶经营者严格把控原料来源、严格产品质量，发展品牌茶、精加工产品、高端（私人）定制产品等高附加值古树茶

产品，打造自有品牌，提高市场占有率和经济效益。其次，强化品牌宣传，组织茶企参与展会活动，将普洱茶中的明珠"古树茶"推介到国内外举办的重大会展活动上，例如世博会、南博会、昆明农博会等，开展普洱茶文化知识巡讲，加大有影响力的媒体对古树茶的宣传力度，扩大品牌影响力和知名度。再次，推进古树茶与旅游融合，以云南省全力打造世界一流"健康生活目的地牌"为契机，坚持创新发展理念，挖掘云南民族茶文化内涵，充分发挥云南独特的自然风光、民族风情、民居民食等资源优势，推进古树茶与旅游结合，提高古树茶附加值，带动促进云茶产业一二三产业融合发展，构筑云茶产业发展新业态，助推茶产业高质量发展。结合当地自然风光、民族风情、民俗美食等，以茶为主题、以古茶树为载体、以旅游为内容、以市场为动力，将古茶园建成旅游景区，将古树茶产品开发成旅游产品，弘扬"茶马古道"文化，将茶文化打造成旅游品牌。

（三）依托科学技术，促进持续发展

1.搭建科研平台

依托省内高校、科研院所、地方职能部门和企业，多方合作搭建科研平台，产学研结合，联合开展古茶树相关技术课题研究，促进研究成果转让、转化和推广应用，推动古茶树资源科学保护与利用。

2.开展科学研究

其一，古茶园科学经营技术研究。通过从土壤分析及改良、水肥管理、病虫防治、生态茶园生境恢复、修剪技术及其他生物技术等系列研究，探索古茶树复壮、丰产综合集成技术，促进古树茶园稳产增产。其二，古树茶采摘规范编制。在充分挖掘整理古茶树经营的科学经验的基础上，结合古茶园经营技术研究，编制古树茶采摘规范，指导广大茶农规范采摘，遏制过度采摘、破坏性采摘的逐利行为，使古茶树在科学保护中可持续利用。其三，种质创新。在生产上栽培利用的茶树品种遗传基础仍较狭窄，通过采取远缘杂交、基因嫁接、基因累加等高新技术手段，开展创造新种质研究，拓宽育种的遗传基础，实现茶树的突破性育种。

（四）健全保障制度，完善财政投入

一方面，建立健全地方财政投入制度，充分体现古茶树资源保护的公益属性和社会属性，各级政府根据本地实际需要，通过整合现有渠道资金做好古茶树资源保护工作。建立以公共财政主导、差别化的资金投入机制，确保古茶树资源保护资金。完善补助制度，扩大补助范围，在古树茶名山打造、文化建设、基础设施建设以及科技创新、社会化服务体系建设、质量追溯体系建设等环节给予资金补助。建立健全投资、项目、监管三位一体的投资管理体系，实现重点地区、重大项目在线监管，确保资金使用效益。另一方面，创新金融扶持政策，发展绿色金融，除公共财政资金投入外，坚持企业和社会投入为主的原则，拓宽融资渠道，逐步建立政府引导，企业、社会为主体的多元化投入机制，发挥古树茶引领云茶产业发展优势。完善资源投保制度，引导保险机构完善投保程序，积极支持保险机构建立古茶树资源保险专业查勘定损平台，提高出险后理赔效率。

三、主要成效

（一）古茶树资源保护成效

1.完善了全省古茶树资源调查

2019年，云南省林业和草原局、省自然资源厅、省农业农村厅联合制定了古茶树调查规程，规范了古茶树调查标准，对全省古茶树分布范围、面积（株数）、起源、权属、种（品种）、居群树种组成、树高、地径、树龄、冠幅及生长环境条件等因子进行了调查，编制了《云南省古茶树资源调查报告》。

2.逐步依法开展了资源保护

云南省政府办公厅印发的《关于加强古茶树资源保护管理的通知》，提出在全省范围内开展古茶树资源保护，明确保护管理的部门职责。临沧、西双版纳、普洱相继出台了《临沧市古茶树保护条例》《云南省西双版纳傣族自治州古茶树保护条例》和《普洱市古茶树资源保护条例》，古茶树资源保护逐步规范。

3.划定了古茶树保护范围

2019年10月，由各级林业和草原局牵头，自然资源和农业农村部门协调配合，采用"自上而下、自下而上"的方式开展古茶树保护范围划定工作。至2022年12月，全省已划定古茶树保护范围42.38万亩，按古茶树斑块数量计算，保护范围划定完成比例为65%。

（二）古茶树开发利用成效

1.品牌形象不断提升

古树茶是普洱茶的重要组成部分。在"2019年中国茶叶区域公用品牌价值百强"评选中，"普洱茶"公用品牌价值为66.49亿元，居全国第2位；"滇红功夫茶"品牌价值为21.02亿元，位居全国第26位。凤庆、昌宁、临翔、勐海等15个县区入围中国茶叶百强县，下关沱茶、勐海雨林古茶坊、七彩云南庆沣祥等10家企业入围中国茶业百强企业，勐库戎氏入围中国茶叶最具创新力十大品牌，七彩云南庆沣祥入围中国茶业最受消费者认可十大企业品牌，六大茶山、勐海雨林古茶坊入围中国茶业最佳市场运行十大品牌，大益、下关沱茶、滇红、陈升号、醉春秋入围中国茶业最具传播力十大品牌。

2.古树茶备受关注

云南省特有的古树茶市场一直备受关注，价格逐年攀升，发展势头强劲，并带动了其他茶叶收购价格上涨。古茶树知名度提升带动了特色旅游业的发展，茶文化旅游逐步成为特色旅游亮点。全省各地结合地方民族茶习俗，积极挖掘民族茶文化内涵，扩大茶文化旅游与对外交流，游"古茶山"、看"古茶树"作为旅游项目，深受游客喜爱。普洱、临沧及保山昌宁以千年古茶树为重点举办祭"茶祖"活动，澜沧景迈山、版纳"古六大茶山"、临沧双江冰岛和临翔昔归、保山昌宁黄家寨古茶山、腾冲高黎贡山茶博园等，正在成为"走进茶树王国"的新视点，彰显了民族茶文化的丰富内涵和独特魅力。

3.产品研发成效显著

云南古树茶是普洱茶的高端品牌，产品研发以企业为主。为创建企业品牌，古树茶经营企业正不断开展古树茶产品的分级和科学拼配研究。拼配是古树茶产品重要的生产工艺，包括等级的拼配、茶区的拼配、茶种的拼配、季节茶的拼配、年份的拼配、发酵度的拼配等，不同类型不同比例拼配的古树茶正成为各企业自主研发的新型产品，也正逐步成为古茶树产品的知名品牌。

四、经验启示

（一）依托资源，推动产业发展

依托资源优势和生态优势，聚焦重点保护利用区域的古茶树开展合理利用，打造云南古树茶高端品牌，提升价值链，引领云茶产业发展；开发特色产品，推动古茶树资源利用向"私人订制"和标准化发展，提高云茶产业的核心竞争力；依托丰富的古茶山、古树茶文化资源和旅游景观资源，发展茶文化生态旅游，延长产业链。

（二）多举措保护，促进协调发展

遵循保护优先、绿色发展的原则，科学保护古茶树资源，确保资源持续利用。实施分类、分区保护管理，建立古茶树资源保护管理体系；多点多方式保存种质资源，积极开展科学研究；大力恢复古茶树生长生态环境，维护物种持续生存能力和丰度；着力整治周边社区环境，促进古茶山与社区协调发展。

（三）健全投入机制，筑牢制度保障

资金投入是发展的前提，完善补助制度，扩大补助范围，发展绿色金融，拓宽融资渠道，逐步建立多元化投入机制，发挥古树茶引领云茶产业发展优势。完善资源保险机制，引导保险机构完善投保程序，提高出险后理赔效率，这些机制的健全和完善为古茶树保护与发展提供了制度保障。

五、点评

云南古茶树保护基于践行绿水青山就是金山银山理念，以保护、经营、持续利用为发展导向，在古茶树保护方面下功夫。首先，以加强古茶树综合保护为基础，针对古茶园提质改造等举措实现古茶树的合理利用。其次，科学经营古茶树，培育古树茶品牌，发掘古树茶文化，推进古树茶与旅游融合，这些是做大做强生物资源，发展古茶树资源的重要举措。最后，不断推进科技创新，创新种质资源，这对调整茶产业结构、提高茶叶产品质量、保障茶叶生态安全，促进古茶树资源持续利用意义重大。基于此，云南古茶树资源保护和利用，是云南结合自身资源禀赋，发挥出资源的比较优势的重要一步，从而引领云茶产业健康发展，为云南省打造世界一流"绿色食品牌"、建设中国最美丽省份、实施乡村振兴做出新贡献，亦为资源的保护和经济的发展提供典型示范作用。

（原始资料提供者：云南省自然资源厅）

结　语

一个地区的经济发展，需要通过发挥比较优势来实现。"资源"正是云南发挥比较优势的基础。打好资源这张牌，为实现全省经济高质量发展奠定了基础。

本书紧紧围绕云南资源经济进行研究，首先探讨了资源经济的研究背景与意义，通过学习贯彻党的二十大精神，在践行可持续的发展理念基础上，研究资源经济如何赋能地区发展是非常重要的，该研究具有一定的理论价值和现实意义。进而对云南发展资源经济的概念和内涵进行剖析，本书以可持续发展理论、资源禀赋理论、生态经济理论、资源诅咒理论、资源配置理论为基础，为全书资源经济的研究提供理论框架。其后从世界、全国以及云南的五大资源（能源、矿产、农业、旅游、土地五大资源）情况进行探讨，对各个地区资源发展状况有了初步的认识和了解；之后围绕国家和云南省发布的政策文件对云南资源经济研究进行解释，为理论建设提供一定的指引和支撑。在对以上理论基础进行分析和阐述后，本书进一步对云南五大资源经济的影响因素进行深入剖析与思考，涵盖发展机遇、资源条件、科技创新等多个角度，同时，识别和厘清云南发展资源经济存在的问题，以现实问题的针对性、实践的有效性为战略思路，深挖资源经济发展的问题根源及成因，为对策的实施提供重点问题的导向，之后，聚焦在能源、矿产、农业、旅游、土地资源五大方面，认为实现云南资源经济，其一，既要加大力度优化能源供给又要补足短板提高能源竞争优势、推动能源消费模式向绿色低碳变革；其二，矿产资源的发展要聚焦增强保障能力、提升开发利用水平、促进绿色发展、加强管理水平以及强化技术创新五个方面；其三，农业资源发展要从农业用水、农产品流通、精深加工、科技创新、人才培养、绿色安全发展六大方面下功夫；其四，旅游资源要从精细化转型、缩减区域差异、推进监管水平、科技赋能旅游产业、激发市场主体活力、推动高水平文旅融合等方面补短板；其五，土地资源通过加强污染源头防控、监管动能、安全利用水平、质量建设等方面取得新的突破。最后，本书聚焦在能源、矿产、农业、旅游、土地、生物等多个方面，结合做法，列举了丰富案例以生动表明云南在资源经济发展方面取得的各种经验启示，为壮大云南资源经济发挥了典型带动作用和示范功能。

云南资源经济蕴含着无比广阔的发展空间和巨大的潜力。随着国家对清洁能源的需求不断增加，将进一步推动云南绿色能源产业乘势而上；其丰富的矿产资源依旧稳稳支撑着云南的工业进步，为其提供了不可或缺的原材料保障；随着高原特色现代农业的蓬勃兴起，云南的特色农产品正蓄势待发，进一步向全国乃至世界打响云南"绿色食品牌"；旅游业的持续革新与发展，更是让云南的旅游胜地之名愈发响亮，吸引着越来越多的游客；土地的综合治理也在稳步推进，不断提升土地的利用效率与高质量产出。综上所述，借助得天独厚的资源优势，并辅以政策的引导与全力支持，云南定能在不久的将来迎来资源经济的突飞猛进，为地区经济的稳健增长注入源源不断的新活力。

致　谢

　　本书在撰写过程中，得到了相关领导和同志们及云南人民出版社相关人员的大力支持，在此表示衷心的感谢！相关案例也得到了云南省自然资源厅等单位领导和同志们给予的特别帮助，在此表示衷心的感谢！

　　西南林业大学经济管理学院的学生邵小育在假期间和平时休息时间投入了大量时间进行研究、调研、写作，为他的辛勤付出表示特别感谢！

　　由于时间仓促，加之笔者水平有限，书中难免有不足之处，恳请各位给予指正和谅解为谢！

谭　鑫